CHRISTIAN SPRINGER

WO GEHT'S HIER NACH ARABIEN?

Karl Blessing Verlag

Verlagsgruppe Random House FSC-DEU-0100
Das für dieses Buch verwendete FSC®-zertifizierte Papier
Munken Premium Cream
liefert Arctic Paper Munkedals AB, Schweden.

2. Auflage
Copyright © 2011 by Karl Blessing Verlag, München,
in der Verlagsgruppe Random House GmbH
Umschlaggestaltung: Hauptmann & Kompanie, Zürich
Autorenfoto von Günter Schmied
Layout und Herstellung: Gabriele Kutscha
Satz: Buch-Werkstatt GmbH, Bad Aibling
Druck: GGP Media GmbH, Pößneck
Printed in Germany
ISBN 978-3-89667-461-6

www.blessing-verlag.de

Für meine Eltern,
die mir beibrachten zu reisen.

Wer noch nie in Arabien war, befindet sich in guter Gesellschaft:

Es wandelt niemand ungestraft unter Palmen.

Johann Wolfgang von Goethe, der vom Orient zwar begeistert, aber nie dort war.

Ob dich Gaul oder Esel trägt,
wird sich zeigen, wann der Staub sich legt.

Ein altarabisches Sprichwort in der Übersetzung des Dichters und Orientalisten Friedrich Rückert, der selbst nie im Orient war.

Überlegungen liefen auf einen Tod im Wasser hinaus, [...].
Ich hatte genaue Vorstellungen, wie dieser »Unfall«
zu inszenieren sei, am besten in einem bestimmten
strömungsreichen Bootstauchgang weit vor der Küste
im Roten Meer.

Der Bundeskanzlersohn Walter Kohl, der bis heute keinen Tauchunfall im Roten Meer hatte.

Inhalt

So geht's nach Arabien

Was haben sie gemeinsam? Karl May, die UNO, Lieschen Müller, Franz Josef Strauß, Karl Marx, Kaiser Wilhelm II. und Andreas Baader? Alle waren sie bei den Arabern. Ob länger oder kürzer, ob in äußerst wichtiger Angelegenheit und geheimer Mission oder nur freiwillig zum Sonnenbaden. Alle waren sie mindestens einmal in der orientalischen Welt zwischen Marokko und Irak. Seit man von deutschem Boden aus schnell den Nahen Osten erreichen kann, fallen wir dort ein. Früher als Kreuzzügler gern in einem geharnischten Ritterhaufen unterwegs, heutzutage auch allein als fotografierender Motorradfahrer, der seine Einsamkeit auf der Reise später durch ausverkaufte Diavorträge in Bad Tölz und Kitzingen kompensiert.

Tausend Jahre deutsche Orientreisen. Doch unsere Klischees über den Turbanmann und seine Haremsdamen sind die ewig gleichen. Die Araber. Sie sind wild und geheimnisvoll, die Männer von unbezwingbar bis unbelehrbar, die Frauen unterdrückt, aber voll lasziver Erotik, hennaverziert und eingehüllt in Rosenduft. Schwüle tausendundeine Nacht neben vollbärtigem Islamismus. Dem Bewohner des arabischen Landstrichs gestehen wir weniger individuelle Tiefe zu als dem Krokodil aus dem Kasperltheater. Das ging so weit, dass sogar die Araber, die wir auf den Ölgemälden der Orientmaler des 19. Jahrhunderts sehen, oftmals gar keine Araber waren. Die

Maler brachten aus Kairo Stoffe, Turbane und Schleier mit und behängten im heimischen Atelier irgendeine Münchner Schönheit, die sich als Malermodel über Wasser halten musste, mit den Reisesouvenirs. In Wahrheit hing dann im deutschen Herrenzimmer nicht das ägyptische Wüstenidyll, sondern ein goldgerahmter Kinderfasching aus Schwabing. Für Maler, Fotografen, Politiker und Geheimdienstler ist Arabien eine Verdienstquelle.

Lieschen Müller will nur Urlaub machen. Möglichst ungestört in einer tunesisch-ägyptisch-marokkanischen Hotelanlage, deren Gewinne natürlich nicht das Gastland, sondern ein europäischer Konzern abschöpft. Das tiefere Wissen über das Urlaubsland holt man sich auf dem einstündigen Bustransfer zwischen Flughafen und Hotel. Land und Leute kennen wir längst, bevor wir zu Hause aufbrechen. Schließlich sind wir durch *Tagesschau* und den Bildband zu Weihnachten orientinformiert. Die arabische Welt, das ist der Bürgerkrieg in Libyen und die Karawane der Tuaregs, Gaza, Selbstmordattentat und Palästina, Kichererbsenbrei und Wasserpfeife. Zu Krieg und Gräuel gesellen sich heute im Anspruchsfernsehen noch die Reportage über die wiederangesiedelte Antilope in der jordanischen Steinwüste inklusive deren Verdauungsprobleme, dazu die Wiederholung über die christlichen Sekten in Jerusalem und als Höhepunkt spätabends ein esoterisches Werk über die Pyramiden, die Außerirdische einst als Flughafentower nutzten.

Die Volksaufstände im Frühjahr 2011 bringen da etwas Unruhe in unser Arabienbild. Normale Bürger waren da plötzlich zu sehen. In Massen. Das war komisch. Schließlich war bisher nie die Rede davon, dass es in Arabien so etwas wie »normale Bürger« gibt, die weder zu den tanzenden Derwischen noch zu den Beduinen gehören. Man kannte die schicken Stewardessen der »Emirates« und die voll verschleierten Mamis, die im Sommer durch deutsche Fußgängerzonen schlurfen, aber die Näherin aus Damaskus-Neustadt kannten wir bisher nicht.

Das war gut so, denn sie alle passen nicht in unser hübsches Bild vom Morgenland, das wir seit rund tausend Jahren hegen und pflegen.

Eindringlich wurde uns plötzlich klargemacht, dass in Kairo Menschen mit ganz normalen Alltagssorgen leben. Männer und Frauen, die gegen das Regime demonstrieren, aber keine Islamisten sind. Denen Israel egal ist und die noch nie etwas von Muhammad-Karikaturen gehört haben, die aber mit größter Leidenschaft dafür kämpfen, eine bezahlbare Wohnung zu haben, die darüber hinaus noch länger als eine Stunde am Tag mit Wasser und Strom beliefert wird.

Irgendwann, das heißt viel zu spät, werden die Massaker wieder beendet sein, und wird wieder Ruhe einkehren. Ob es die brutale Ruhe eines knüppelharten Terrorregimes sein wird oder die erholsame Ruhe eines freiheitlichen Staatengebildes, kann derzeit kein Mensch vorhersehen. Wahrscheinlich irgendetwas dazwischen, in Syrien mehr so, in Ägypten mehr so.

Die Menschen in Arabien sehnen sich nach Stabilität, Sicherheit und einer menschenwürdigen Tätigkeit, die es ihnen erlaubt, täglich satt zu werden und die Kinder zur Schule statt auf die Straße zu schicken. Damit unterscheiden sich die Leute dort nicht wesentlich von den Römern, Parisern und Berlinern.

Doch für viele Europäer ist es schwer zu glauben, dass der Araber uns ähnlich ist. Was wird dann aus dem angekündigten »Kampf der Kulturen«? Fällt der dann aus? Wird er verschoben? Schließlich glauben »die da« an Allah und wir an gar nichts. Schließlich beten die fünfmal am Tag und wir nur, wenn Unheil droht. Und dann das Bier! Wer ohne Alkohol leben kann, macht sich verdächtig und ist im Ernstfall sicher eine Spaßbremse. Nicht umsonst wies der bayerische Brauerverband sorgenvoll darauf hin, dass am dramatischen Rückgang des Bierkonsums nur einer schuld sein kann: der moslemische Einwanderer.

Dabei zählen die Deutschen nicht einmal zu den Orientexperten. Die Kolonialmächte England und Frankreich waren viel eher dort. Nicht nur auf Besuch, sondern richtig lange. Die Landkarte Arabiens mit ihren willkürlich durch die Wüste gezogenen Grenzen haben diese beiden Länder ausgetüftelt. Dafür ist man ihnen in Teilen der arabischen Welt noch heute böse – ohne allerdings die Sache rückgängig machen zu wollen.

Das Selbstbewusstsein Arabiens scheint kollektiv angeknackst zu sein. Jeder weiß, dass es ohne die Übermittlung durch die arabischen Universitäten bei uns keine Algebra, Philosophie, Medizin und Astronomie gäbe. Doch das war im Mittelalter und ist lange her. An der Entwicklung von Mondrakete, Glühbirne, Panzer, Kugelschreiber, Lockenstab und Espressomaschine waren keine Araber mehr beteiligt. Sie sind nur noch Lieferanten für das Öl. Manche fühlen dies als tausendjährigen Abstieg von der Oberhoheit über die Naturwissenschaften zum Dienstboteneingang der modernen Welt. Da besteht natürlich die Gefahr, dass aus der Sehnsucht nach der großen Zeit Arabiens ein Rückfall in die Zeit des Mittelalters wird. Die Emotionen hierzu hochzuschaukeln, fällt den Verführern leicht, da die arabischen Gesellschaften zur Mehrheit aus Jugendlichen bestehen. Es ist keine Seltenheit, dass 15-Jährige ganze Familien zu versorgen haben, was in den vergangenen Jahren von Casablanca bis Bagdad immer schwieriger geworden ist. Es ist ein großes Wunder, dass es den irren Hetzern trotz aller Bemühungen nicht gelingt, mehr als einen sehr kleinen Bruchteil der jungen Leute zu Fanatikern oder gar zu Mördern zu machen.

Die Suche nach der normalen Alltagswelt Arabiens beschert unvergessliche Erlebnisse. Da ist die achtstündige Zugfahrt mit einem jungen Marokkaner nach Tanger, der als Opernsänger nach Deutschland engagiert war. Er übte wunderschöne Arien und hatte keine Ahnung davon, was sie bedeuten. Oder der Landeanflug auf Beirut neben einer Frau, die nach 18 Jahren Exil zum ersten Mal ihren Vater wieder besuchte, um ihm zu helfen, sein Haus zu verkaufen. Stundenlang regte sie sich nicht, doch beim Anblick der beleuchteten Heimatstadt um zwei Uhr nachts brach sie in hemmungsloses Schluchzen aus und krallte sich dabei in meinen Arm ein, den sie bis zum Stopp auf dem Rollfeld nicht mehr losließ. Wir saßen dann eineinhalb Stunde neben dem Gepäckförderband, wobei sie mir ihre Lebensgeschichte erzählte. Am Ende wollte ich das Haus an den Berghängen über Beirut kaufen. Und dann waren noch der Mann aus Damaskus, der Adolf Eichmann kannte, und die Frau, die auf den Golanhöhen lebt, und der dicke Scheich, der in Russland Falken kauft, sie in der syrischen Wüste erzieht und sie anschließend in die Emirate verkauft, und der Bub aus dem Südlibanon, der seit dem Bürgerkrieg eine Kugel im Kopf hat, und die Malerin, die fast nackte Araberfrauen malt. Menschengeschichten eben.

Meistens bleibt dafür keine Zeit. Unser Wissen kommt aus dem Fernsehen. Ausreichend Bier und ein Fernsehsessel genügen zur Erkundung der arabischen Welt. Hinfahren ist schließlich gefährlich. Man bedenke das Klima, die Hygiene, den Terror, den unvermeidlichen Durchfall.

Und doch ziehen wir los. Deutsche in Arabien. Tausend Menschen hatten in tausend Jahren tausend verschiedene Gründe hinzufahren. Einige stelle ich hier vor. Und um die Political Correctness von vornherein auszuschließen, sind unter den Deutschen auch ein paar Österreicher und Schweizer dabei. Man kennt sie alle.

Kaiser Wilhelm II.

Wo: Berlin – Jerusalem und zurück
Wann: 11.Oktober 1898 bis 1.Dezember 1898
Warum: Pilgerfahrt (Ausrede), Größenwahn (Wahrheit)

E in Kaiser reist anders. Die erniedrigenden Vorbereitungen einer Orientreise bleiben ihm erspart.

Wir Normalblütigen stapeln Reiseprospekte am Klo, streiten über Reiseziel, Strandnähe und Poolgröße, besorgen Kohletabletten und Sagrotantücher und bekommen am Ende doch nicht den sorgfältig ausgewählten Wunschplatz in Flugzeug, Zug oder Schiff, obwohl wir ihn seit Monaten reserviert, bezahlt und sogar schriftlich bestätigt bekamen! Der Nervenzusammenbruch am Schalter ist dem Kaiser unbekannt.

Natürlich wird auch bei Kaisers gebucht und geplant. Aber das besorgen Oberhofmarschälle, Kammerdiener, Leibdiener, Reisehusaren und Regimenter von Flügeladjutanten, Reisekoffergenerälen und Hutschachtelleutnants.

Am 11.Oktober 1898 geht es los. Erste Station ist Konstantinopel, die Hauptstadt des Osmanisches Reiches und gleichzeitig Sitz »des Herrschers über die Gläubigen«, wie sich der Sultan seit Jahrhunderten nennen darf. Kaiser Wilhelm II. ist 39 Jahre alt und seit zehn Jahren Deutscher Kaiser. Er gilt als exzentrisch und arrogant. Seine schwierigen Wesenszüge führt man zurück auf seine Behinderung. Sein linker Arm ist verkürzt. Mit Apparaturen, Tinkturen und einer Vielzahl anderer

Kuren versucht seine Mutter, den Arm des Kindes in die normale Länge zu ziehen. Alles misslingt. Seither gilt es, den Arm zu verstecken. Der kurze Kaiserarm ruht in der Öffentlichkeit auf dem Säbel, hinterm Rücken, auf dem Sattelknauf, doch jeder wusste, was man nicht sehen sollte. Als Ablenkung dient die Verkleidung. Was heute im Fasching getragen wird, war damals des Kaisers offizielle Garderobe. Die Tropenuniform, die er sich im Vorfeld seiner Orientreise schneidern lässt, ist dabei noch die harmloseste Variante.

»Die Palästinafahrt Seiner Majestät« ist als Pilgerfahrt getarnt. Schon der Vater des Kaisers bereiste das Heilige Land. Dieser nutzte eine Einladung zur Eröffnung des Suezkanals im Jahr 1869 für einen Abstecher nach Jerusalem, natürlich »als Pilger«, und übernahm als Geschenk des Sultans die ehemalige Johanniterkirche, die allerdings nichts anderes als eine mit Schutt gefüllte Ruine war.

Nun also der Sohn. Der offizielle Zweck der Reise, nämlich die evangelische Erlöserkirche in Jerusalem einzuweihen, ruft die deutschen »Reisebureaus« auf den Plan. Für horrende Summen bieten sie Sonderfahrten und Festreisen an, die dem Gast das Gefühl vermitteln sollen, im Begleittross des Deutschen Kaisers zu reisen. Seit dem letzten Kreuzzug war keine derartige Heerschar mehr an der levantinischen Küste gelandet. Über tausend offizielle Begleiter, ungezählte Adabeis, alleine 100 Zelte zur Unterbringung des Wachpersonals. In Haifa wurde ein Hafen neu gebaut, und es wurde vorgeschlagen, die Jerusalemer Stadtmauer einzureißen, damit der Kaiser wie einst der Erlöser in die Stadt einreiten könne. Zutiefst entrüstet gab sich der kaiserliche Pilger, als man ihm politische Ambitionen unterstellte. Vielleicht rührten diese infamen Vermutungen von der Passagierliste. Der Herr von Siemens, der Chef der Deutschen Bank, Generaldirektoren der Industrie, Ingenieure und Vertreter bekannter deutscher Firmen »pilgerten« mit dem Kaiser. Schließlich war der Suezkanal, die geniale Verkürzung des Seewegs nach Asien, in englischer Hand und damit die Welt willkürlicher Schließung und Bezollung durch die Queen ausgeliefert. Darüber hinaus war Sultan Abdul-Hamid, der Herrscher über das absterbende Osmanische Reich, durch seine am armenischen Volk verübten Gräueltaten in internationale Ungnade gefallen. Diese Chance lässt man in Berlin nicht ungenutzt. Wen alle Welt nicht mag, mit dem lässt sich leicht Freund werden. Der Kaiser schließt Blutsbrüderschaft mit dem Sultan und sichert sich damit den ungehinderten Ausbau der Bahnstrecke von Berlin nach Bagdad und damit an den Persischen Golf. Schließlich will man Weltmacht werden und mit den Großen mitspielen. England hat das Meer, Deutschland die Bahn. Das kann nicht gutgehen. Die englische Königin ist die Großmutter des Deutschen Kaisers, das macht die Situation nicht einfacher.

Das Reisebüro Thomas Cook, das sich in heutiger Zeit auch um Billigtouristen kümmert, organisiert die Pilgerfahrt, die weltweit den Karikaturisten als Vorlage für unzählige Spottbilder dient.

Angekommen in Nahost, wird viel geritten, das kaiserliche Paar wird kutschiert. Vorneweg Kavallerie. Glänzende Uniformen, blanke Helme. Dahinter wieder Kavallerie und dahinter wieder eine Reiterschar, stolz und elitär. Dahinter endlich das Kaiserpaar, völlig verdreckt und staubbedeckt. Die endlos scheinende Truppe der Reiter zieht eine riesige Staubwolke hinter sich her, die Wilhelm und Auguste Viktoria in dichten Sandnebel hüllt. Die Kaiserin beschwert sich, warum man nicht den Zug genommen habe. Sie ist die Einzige, neben den Berufsfotografen, die ständig mit einer eigenen Kamera hantiert. Mami macht Fotos, Papi posiert. Für das kaiserliche Hobby gibt es selbstredend auch eine Schar von Stativ-Leutnants, Fotoplatten-Marschällen und Fotoentwicklungs-Leibdienern.

Die Jerusalemer Kirche wird ohne Zwischenfälle eingeweiht, und weil man gerade in der Gegend ist, schaut man sich noch ein bisschen um. Damaskus ist in der Nähe, Beirut auch. Nazareth hinwiederum und das Tote Meer lässt man wegen der Hitze links liegen, obwohl überall schon tausende bunter »Der Kaiser war hier«-Postkarten ausliegen. In Damaskus, der angeblich ältesten Stadt der Welt, »pilgerte« Wilhelm II. zum Grab des hochverehrten Saladin. Der hatte zwar die Kreuzfahrer einst aus dem Heiligen Land getrieben, aber das war schon ziemlich lange her, und schließlich stand man jetzt als Deutscher auf der gleichen Seite. Den mit *Koran*-Zitaten verzierten Holzsarkophag des arabischen Helden empfindet der Kaiser allerdings als unwürdig und spendiert kurzerhand einen weißen Marmorsarkophag, der noch heute neben dem Original zu bewundern ist. Als der Kaiser weg war, verzichtete man allerdings auf die Umbettung. Der deutsche Zweitsarg steht bis heute leer daneben. Als am Ende des Ersten Weltkriegs Lawrence von Arabien Damaskus erobert, liegt auf dem germanischen Saladin-Sarkophag immer noch der ebenfalls als Huldigung hinterlassene goldene Ehrenkranz Kaiser Wilhelms. Lawrence, der Sieger, nimmt ihn weg und schickt ihn nach London, wo er bis heute im Archiv verstaubt.

Das Kaiserpaar zieht mit seinem drei Kilometer langen Tross weiter ins libanesische Gebirge, nach Baalbek, eine der besterhaltenen Tempelanlagen aus römischer Zeit. Die Kaisers staunen und sind beglückt über so viel historische Erhabenheit und wollen sich natürlich auf Augenhöhe mit der römischen Vergangenheit in Erinnerung halten. Eine Bronzetafel muss her. Auch sie hängt heute noch. Allerdings in beachtlicher Höhe (und damit für heutige Besucher unleserlich), da beim Kaiserbesuch die Ausgrabungen noch nicht abgeschlossen waren. Als man die Grabungen vollendet hatte und der Schutt weggebracht war, hing die Platte plötzlich in luftiger Höh.

Die Reise unterschied sich durch nichts von den Ausflügen heutiger Spitzenpolitiker. Kaiser Wilhelm galt als Medienkaiser. Er liebte es, sich zu inszenieren, und bediente sich des modernen Fotojournalismus wie kein anderer. Anfangs im Volk beliebt, galt er bald als narzistisch, rassistisch und taktlos. Eine *Simplicissimus*-Satire legte ihm in den Mund: »Im Bad ist ein Rohr geplatzt. Bringen Sie die Admiralsuniform!«

So wurde auch die Orientreise, die den Grundstein legte für die blutige Allianz des Ersten Weltkrieges, in dem zigtausende deutscher Soldaten als Waffenbrüder der Türken zwischen Suezkanal und Konstantinopel ihr Leben ließen, sehr genau beobachtet. Das Programm war straff, war geheim und wurde oft geändert, Verdächtige und für verdächtig Gehaltene wurden bereits im Vorfeld ins Gefängnis gesteckt, Spitzel und Geheimdienste schnüffelten überall.

In der Heimat wurde der Dichter Frank Wedekind wegen Majestätsbeleidigung zu sechs Monaten Festungshaft verurteilt. Das Deutsche Reich vertrug keine Witze über kaiserliche Reisen. Die zweite Strophe seines Gedichtes auf die Orientreise Kaiser Wilhelms:

»Willkommen, Fürst, in meines Landes Grenzen,
Willkommen, mit dem holden Ehgemahl,
Mit Geistlichkeit, Lakaien, Excellenzen,
Und Polizeibeamten ohne Zahl.
Es freuen rings sich die histor'schen Orte,
Seit vielen Wochen schon auf deine Worte,
Und es vergrößert ihre Sehnsuchtspein
Der heiße Wunsch, photographiert zu sein.«

Nikola Gierig: Dabei in Dubai

Wo: Dubai
Wann: täglich
Warum: Ehefrau

Sie haben noch nicht in Dubai investiert? Sie verschleudern also Ihre schwer verdienten Kröten an den deutschen Fiskus, der nicht einmal in der Lage ist, mit den Steuereinnahmen die Löcher in den Straßen zu stopfen, geschweige denn diejenigen im bundesdeutschen Haushalt. Steuervorteile, Zukunftsanlagen mit Garantie, Fondssicherheiten ohne Ende, langsam sollte es klingeln. Dubai boomt, das sollte sich herumgesprochen haben. Glauben Sie nicht an das Geschmiere in den Gazetten von der geplatzten Dubai-Blase. Was hat denn ein sogenannter Wirtschaftsjournalist, der die letzten 20 Jahre über Fußball geschrieben hat und nur durch Zufall Ressortleiter eines Wirtschaftsteils geworden ist, für eine Ahnung von internationalen Geldgeschäften? Dieser in Scheidung lebende, eine Doppelhaushälfte abzahlende Neider, der sich mit seiner Ex den Hund und die zwei Kinder wöchentlich teilen muss, hat nicht den blassesten Schimmer vom sorgenfreien Leben in »Palm Dubai« und den »Deep blue Sea«-Penthouses im Downtown-Burj-Emirate-Tower.

Dabei ist es so einfach. Sie gehen zu Ihrer Bank, machen locker, was locker zu machen ist, und sind im nächsten Moment Anleger im Dubai-Immobilienfonds. Der sitzt in Dubai und hat damit den Steuersatz »null Prozent«. Klar? Alle Gewinne gehen zu 100 Prozent an Sie selbst. Das Doppelbesteuerungsabkommen und den Progressionsvorbehalt muss man Ihnen ja nicht extra erklären. Derzeit ist von einer Rendite von 12 Prozent bis 20 Prozent auszugehen, wenn man es übervorsichtig berechnet …

Das Goldfieber am Klondike River war gegen Dubai ein matter Rülpser. Von denen, die leider mit leeren Taschen zurückgekehrt sind, hört man wenig. Weil sie sich entweder am nächsten Baum aufgehängt oder den Kontakt zur Außenwelt verloren haben, weil sie sich nicht mal mehr eine Schüler-Flatrate für das Handy leisten können. Angeblich leben 10 000 Deutsche inzwischen in Dubai. Die meisten mit befristeten Arbeitsverträgen. Man verdient die Millionen im Schlaf und lebt dabei im Luxus wie ein Scheich aus tausendundeiner Nacht. Deswegen hat Nikola Gierig, so nennen wir die Ehefrau des Auswanderers ab jetzt, den Schiffscontainer vor das Haus bestellt und den gesamten Hauskram hineingepackt. Oma und Opa zerreißt es das Herz, die Enkelkinder für mindestens drei Jahre bei den Arabern zu wissen. Oma weint, Opa erklärt den Schwiegersohn für verrückt, Nikola verscherbelt die alte Einbauküche bei E-Bay, die schicken Winterstiefel und den Ficus bekommt die beste Freundin. Die weint auch, will aber zu Besuch kommen, zum Shoppen und zum Surfen. Jetzt weint Nikola auch.

Ehemann Olaf, alle Namen sind erfunden, aber die Ähnlichkeit zu lebenden Personen ist nicht ungewollt, ist schon mal vorgeflogen, wegen der Firma. Er ist wichtig. Als in den sechziger Jahren die Gastarbeiter aus dem fernen Sizilien am Münchner Hauptbahnhof landeten, passten die Habseligkeiten in einen Handkoffer, das einzige Paar Schuhe hatte man an. Der deutsche Gastarbeiter, nach dem in Dubai verlangt wird, hat einen Schrank voller Nadelstreifenanzüge dabei, die Wohnung inklusive südostasiatischer Haushälterin wird gestellt. Er soll ja auch nicht Steine schleppen, sondern IT-Kenntnisse verkaufen. Er heißt auch nicht mehr Gastarbeiter, sondern »Resident«.

Nikola kommt ein paar Wochen später und ist voller Tatendrang. Sie räumt die Wohnung um, nimmt den Schiffscontainer in Empfang und meldet die Kinder Noah-Damian und Eliane-Liselotte in der Deutschen Schule an. Das Eingewöhnen dauert drei Wochen. Dann kennt sie die Tiefgarage vom Supermarkt auswendig, hat die Nummer des deutschsprachigen Kinderarztes im Handy gespeichert, und einen Wüstenausflug hat man auch schon gemacht. Olaf war dabei, hat aber die ganze Zeit telefoniert.

Dann wird es langweilig. Nikola denkt zuerst, es ist das Klima, dann denkt sie, es ist die Klimaanlage, dann denkt sie, es ist das Essen, dann fällt ihr die Decke auf den Kopf, und sie weiß: Es ist die Langeweile. Olaf arbeitet von früh bis spät. Am Abend ist er eingeladen, das kann man nicht abschlagen, man ist ja in Arabien, blöd, dass sie meistens nicht mitdarf, man ist ja in Arabien. Olaf sagt, ruf doch die und die an, die seien doch auch Deutsche. Nikola sagt, sie hat sich ihre Freunde bisher immer selbst ausgesucht. Streit.

Um die Kinder einmal in der Woche der Frischluft zuzuführen, ist eine größere mehrstündige Anstrengung nötig. Unter der Woche bleibt dafür keine Zeit. Denn da werden die Kinder von der vollklimatisierten Wohnung in den vollklimatisierten Fahrstuhl verfrachtet, unten angekommen in der klimatisierten Garage hinein ins klimatisierte Auto gesetzt, um dann eine halbe Stunde später in der Tiefgarage unter der vollklimatisierten Schule zu parken. Abends geht es vollklimatisiert wieder zurück. »Noah-Damian, bitte mach sofort das Fenster wieder zu, da kommt Luft herein!«

Skifahren wäre da genau das Richtige. Der Skiberg ist aber erst recht klimatisiert, klar, sonst gäbe es ja im Hochsommer auch keinen Skiberg am Persischen Golf.

Schnee gibt es erst seit kurzem in Dubai. Eigentlich gibt es alles erst seit kurzem in Dubai. Die gesamte Evolution, wie das Leben aus dem Wasser kroch, die Amphibien die Erde bevölkerten, die Eiszeit, die ersten Menschen, Steinzeit, Feuer, Bronzezeit, all dies ging an Dubai vorbei. Es war dort nichts. Und davon unendlich viel. Ein wunderschöner vom Meer umspülter Sandstrand. Bis vor 200 Jahren. Da kämpften Beduinen im Landesinneren bis aufs Blut um die wenigen Oasen, die Sieger blieben an der Oase, die Verlierer wurden bis ans Meer getrieben und blieben dort hocken, weil sie als Beduinen vom Schiffsbau keine Ahnung hatten. Die Familie der Verlierer hieß Maktoum. So heißen sie heute noch, und sie regieren an derselben Stelle in der x-ten Generation. Seit 1966, als unter ihren Hütten das Öl entdeckt wurde, blicken sie verächtlich auf die Nachfahren jener Oasengewinner.

Nikola bekommt Kopfschmerzen. Es ist überall viel zu laut. Dubai boomt eben. Deswegen stehen zwölf Kräne vor dem Schlafzimmerfenster und achtzehn vor der Wohnzimmeraussicht. Olaf richtet Nikola einen Internetzugang ein, DSL, Outlook, Virenschutz, Photoshop für die Kinderbilder. Es gibt Dubai-Foren, das heißt, fremde Menschen unterhalten sich im Internet über Dubai. Da gibt es die neugierigen Zuhausebleiber, die wissen wollen, ob es wirklich Kohle zu machen gibt und wie viel, und ob es wirklich warm ist, ob es wirklich nicht weit zum Meer ist. Und dann gibt es die deutschen Dubai-Bewohner, die voneinander wissen wollen, wo man an Weihnachten Dresdner Stollen herbekommt. Eine Familie hat Kätzchen abzugeben. Die Krabbelgruppe ist neu, zwei haben sich schon angemeldet. Es gibt eine »Gartengruppe«, die Tipps weitergibt für die Zeit danach, wenn man sich von der Dubai-Knete zu Hause im Westerwald die 3000 Quadratmeter leisten kann. Es gibt die »Dubai-Frauengruppe«, es gibt sie tatsächlich, die unter anderem Kinoabende so anbietet: »Bei einem privat organisierten Filmabend werden deutschsprachige Filme aus deut-

scher Produktion gezeigt. Dabei findet das Treffen unregelmä-
ßig, in einem privaten Rahmen statt; abhängig davon, ob jemand gerade eine neue DVD zur Verfügung stellen möchte.«
Kürzlich wurden gezeigt: *Der Untergang, Das Leben der
Anderen, Nordwand*. Also Hitler, Stasi und Tod in der Eiger-
wand. Gerade das Richtige gegen Heimweh und Melancholie.

Alle paar Wochen werden die Neulinge in der deutschen
Exilgemeinde begrüßt. Meistens auf der Terrasse irgendeines
Hotelrestaurants mit dem Blick auf unfertige Wolkenkratzer
und krächzende Kräne. Stolz präsentieren die Alten den Jungen »ihr« Dubai. Von Baulärm ist nicht die Rede, im Gegenteil,
deswegen ist man ja da, Dubai boomt. Es gibt den üblichen
Schnellkurs für Neuankömmlinge: Die kleinsten Hausnum-
mern beginnen am Meer und steigen an in Richtung Landesin-
nere, der Italiener am Märtyrerplatz ist kein Italiener, sondern
Taiwanese, und die billigsten Windeln gibt es da und da. Und
wenn Dubai bald fertig ist, kann man mit den Kindern durch
Dubai-Venedig fahren, auf echten Gondeln, klimatisiert, und
zu einem McDonald's-Ruder-in.

Die Outdoor-Allwetter-Rattan-Möbel sind gemütlich, im
Hintergrund raunzt sich Seal durch die CD »Dubai-Lounge 1«,
aus den Bang&Olufsen-Boxen wird alle zwei Minuten Par-
füm über die Gruppe gesprüht. Dann werden Wasserpfeifen
gereicht, und man plaudert, redet, auch über die Scharia. Das
muss man wissen, auf Transvestiten und Homosexuelle warten hohe Gefängnisstrafen. Ein 15-jähriger Franzose wurde
vor ein paar Jahren von zwei Einheimischen vergewaltigt, und
angeklagt wurde – er selbst. Die Neuen staunen, der Schädel
dröhnt. Man erkennt sie an den müden Augen und zerknitter-
ten Sommerkleidchen, die zu lange im Koffer gelegen waren.
Sie sind noch unsicher. »Aber das vergeht, was glaubt ihr, wie
schnell ihr euch einlebt, auch die Kinder, die Auslandserfah-
rung ist überhaupt das Beste.« Was für ein Glück, zu den Aus-
erwählten zu gehören, Prost.

Andreas Baader & Co.

Wo: Jordanien, Jemen
Wann: Siebziger Jahre
Warum: Ausbildung zum Terroristen

E s gibt tausend Dinge, für die man sich hobbymäßig interessieren kann: Modelleisenbahn und Salsatanz, Gleitschirmfliegen und Salzteigbasteln. Doch selbst unter den ausgefallenen Hobbys ist das »politisch motivierte Handgranatenwerfen« eines der ungewöhnlichsten. Was bei der Bundeswehr zum Pflichtprogramm gehört, ist als privater Zeitvertreib in den eigenen vier Wänden selbst mit äußerst toleranten Nachbarn kaum zu bewältigen. Also wohin zum heimlichen Üben? In einen Steinbruch? Da treffen sich Rudel von Jugendlichen zum Saufen, Rauchen und Knutschen. Zum Oktoberfest? Das wäre immerhin anonym, im Biernebel von sechs Millionen Lederhosenträgern würde man vielleicht gar nicht auffallen. Doch in den Schießbuden auf der Wiesn gibt es eben nur verbeulte 6-Schuss-Spaßkarabiner und keine terrortaugliche Militärausrüstung. Gekillt werden da nur Plastikrosen und Luftballons, keine »faschistisch-imperialistischen Politikerschweine«.

Also reist man als angehender Terrorist der siebziger Jahre in die Wüste. Da ist Platz, und in den staubigen Dünen stört es nicht weiter, wenn ein paar Skorpione in ihre Einzelteile gebombt werden. Außerdem hatte der deutsche Anarchieliebhaber damals in der Wüste gute Freunde: Palästinenser. Seit der Gründung des Staates Israel sitzen Flüchtlinge aus Palästina in fast allen arabischen Ländern. Das haben die Gastländer zwar nicht gern, aber sie nutzen die Situation genüsslich aus.

Die Palästinenser werden instrumentalisiert. Für die täglichen Weltnachrichten gibt es Pressetermine und Parolen: »Schaut her, Völker dieser Erde, diese armen Vertriebenen.« Doch sobald die Weltpresse wieder außer Sichtweite ist, werden die Palästinenserlager wieder abgeriegelt, und Wasser und Strom werden ihnen von ihren arabischen Gastgebern rationiert. Es bleibt den Ausgegrenzten keine Wahl, und die Flüchtlingslager werden zwangsläufig zu Staaten im Staate. Im tiefsten Nachkriegsbayern wurden ostpreußische Kriegsflüchtlinge schneller im Tegernseer Trachtenverein integriert als ein Palästinenser bei seinem arabischen Bruder. So diskutiert der Libanon erst im Jahr 2010 darüber (da ist der Staat Israel bereits 62 Jahre alt), den palästinensischen »Flüchtlingen«, das heißt den Urenkeln der einstigen Flüchtlinge, nun vielleicht doch Bürgerrechte zu geben. Nur nichts überstürzen.

Frühjahr 1970: Die arabische Jugend absolviert ein straffes militärisches Training, ist bewaffnet bis an die Zähne und hat die Befreiung Palästinas zum Ziel, also die Auslöschung Israels. Dazu werden Flugzeuge entführt und gesprengt, Geiseln genommen, unbeteilige Menschen erschossen. Dieser Weg interessiert die Truppe um Andreas Baader. Von denen kann man lernen! Bei den Palästinensern ist das bittere Gefühl der Vertreibung und Heimatlosigkeit dem Hass gewichen, der in Presseerklärungen und Flugblättern lautstark und weltweit hinausgeschrien wird:

»In München [bei den Olympischen Spielen 1972] sind die Palästinenser, Verdammte dieser Erde, Kinder eines weltweiten Unrechts, in das Fest der anständigen und gut genährten Leute eingedrungen.«

Wer genau Palästina befreien sollte, darüber sind sich die Palästinenser allerdings nicht so richtig einig. Es kommt zur

Gründung verschiedener Gruppen, die aufzudröseln heute noch Heerscharen von Akademikern beschäftigt: die PLO, die PFLP, die PFLP-SC, die PDFLP, die Fatah, »Der Schwarze September«, die GUPA und die GUPS, das »Politbüro der Bewegung für die nationale Befreiung Fateh«, natürlich alle ausgestattet mit einem militärischen Flügel, einem politischen Flügel, einer Aktionsbrigade, Sympathisanten, flugblattkopierenden und schönen Frauen. Und alles umwabert von einem Wasserkopf an Ideologie und unverständlichem Bürokratengewäsch, wovon ein deutsches Kreisverwaltungsreferat nur träumen kann.

Hätten die deutschen Terroristen etwas Arabisch gesprochen, wäre der deutschen Geschichte womöglich viel erspart geblieben. »Das sind einfach Schweine, aber nützliche Schweine.« So charakterisiert ein arabischer Schießlehrer seine deutschen Schützlinge. Andreas Baader versteht kein Wort. Wenige Wochen zuvor sitzt er noch, verurteilt wegen Brandstiftung, in einem deutschen Gefängnis. Bei der Flucht wird geschossen, zurückbleibt ein schwer verletzter Mann. Jetzt geht es nicht mehr um Brandstiftung, sondern um versuchten Mord. Man taucht unter, besorgt sich falsche Pässe, wechselt in lächerlicher Verkleidung von West- nach Ostberlin, und die Reisegruppe von über 20 deutschen Terroristen fliegt nach Jordanien. Horst Mahler ist dabei, Baader, Meinhof, Ensslin, so ziemlich alle, deren Köpfe man kurz danach auf den Fahndungsplakaten studieren kann.

Aber aus der RAF-Reise wird kein Besuch bei jordanischen Freunden. Bereits bei der Ankunft ist der bunt gemischte Terrorhaufen aus Westdeutschland heillos zerstritten. Es geht zu wie beim Schulausflug: Wer ist der Chef? Wer geht mit wem? Wann gibt's Essen? Der Umgangston wird rauer. Es gibt Grüppchenbildung. So gerne man sich in endlosen Diskussionen totredet, RAF-Kollege Peter Homann soll diskussionslos gleich erschossen werden. Er ist vielleicht ein Spion aus Israel, aber eben nur vielleicht, eher sogar nicht. Das Erschießen wird erst mal aufgeschoben.

All das, was man mit ideologischem Eifer in Deutschland ablehnt, flammenden Militarismus, dumpfe Befehlsstrukturen, Wiederbewaffnung, will Andreas Baader in Jordanien lernen. Aber die Palästinenser sind genervt von den »deutschen Idioten«. Die deutschen Terroristen unterscheiden sich kein bisschen von den deutschen Touristen späterer Jahre, die in Adiletten, weißen Socken und abgegriffenen Bermudashorts an der Hotelrezeption penetrant nach dem Geschäftsführer verlangen. Die Baader-Meinhof-Mädels bemäkeln das Essen aus der Konservendose, eine verlangt nach einem Coca-Cola-Automaten. Doch nach getaner Schießübung räkeln sie sich nackt auf dem Dach der Unterkunft. Das wiederum verwirrt die palästinensischen Jungs, die nebenan im Wüstenstaub den echten Kampf üben sollen. Abgesehen davon, dass die armen Buben noch nie eine nackte Frau gesehen haben, ist ein palästinensischer Truppenübungsplatz schließlich kein FKK-Gelände. Man sagt, die Tiefflüge der israelischen Kampfbomber in jenen Tagen über das Trainingsgelände dienten nicht der Abschreckung, sondern der Aufklärung, im wahrsten Sinn des Wortes.

Bald gibt es Ärger im Kommandostab. Als die Deutschen anfangen, sinnlos in der Gegend herumzuballern, wird ihnen die Munition gekürzt. Nur schauen, nicht schießen, heißt es. Jetzt sind sie ganz beleidigt. Andreas Baader verweigert beim Kampftraining sogar die Tarnuniform und robbt sich in seiner Satinhose über den steinigen Boden. Deutschlands gefährlichste Verbrecher sind ein unerträglicher Zickenhaufen. Aber letztendlich doch lernwillig. Schließlich soll der bewaffnete Kampf nach Deutschland getragen werden. Um ein Haar ohne Ulrike Meinhof. Beim ersten Üben mit der Handgranate zündet sie das Ding, aber schmeißt es nicht weit von sich, sondern fragt nach geraumer Weile: »Und jetzt?«

Andreas Baader und Gudrun Ensslin sind die Chefs der Gruppe. Baader ist erst 27 Jahre, cholerisch, gewalttätig und arrogant. Er hat Autos und Motorräder gestohlen und verschoben, sich auch mal falsche Wimpern angeklebt und geschminkt, um anderntags für eine Schwulenzeitschrift zu posieren. Rein politische Aktionen sind ihm eher fad. Während Gleichaltrige gegen den Schah, die Nazis, soziale Ungerechtigkeit und Atomwaffen demonstrieren, erfindet er im schrillen Sakko abstruse sexuelle Abenteuer, um seine Zuhörer zu schockieren.

Die Stimmung im Lager ist extrem angespannt. In Jordanien naht unweigerlich ein Krieg. Deshalb wird das Ausbildungslager straff militärisch geführt. Die palästinensischen Anführer haben Erfahrung aus vielen Gefechten, unter anderem aus dem Algerienkrieg, doch der deutsche Zivilist Andreas Baader möchte mit ihnen unbedingt gleichgestellt werden. Schließlich ist er ja auch ein Guerillaführer und Anführer einer Truppe! Das bringt das Fass zum Überlaufen. Die Palästinenser entwaffnen die Deutschen, stellen Wachen vor ihre Unterkunft und schmeißen sie bald darauf aus dem Lager.

Das empfinden die deutschen Terroristen als nicht sonderlich schlimm. Schließlich können jetzt alle schießen. Beim Knall einer echten Waffe zuckt niemand mehr zusammen. Auch mit Sprengstoff hat man hantiert, die wichtigsten Handgriffe sitzen. Darüber hinaus wurden taktisches Kampfverhalten und Geldbeschaffung geübt. Mitten in der Wüste wurde ihnen beigebracht, wie man eine Bank überfällt. Angekommen in der Realität, hat man dann wohl überrascht festgestellt, dass um deutsche Banken herum Großstädte gebaut sind und man sich nicht durch die Steinwüste zurückziehen kann. So bleiben bei den Aktionen der nächsten Jahre immer wieder zusammengeschossene Unschuldige zurück.

Im jordanischen Camp packt Andreas Baaders Terrorgruppe ihre Sachen. Es geht heim. Sie fliegen von Jordanien in die

DDR. Die U-Bahn bringt sie wieder von Ost- nach Westberlin, pausenlos beobachtet von der Stasi, die bis zu den einzelnen Schießübungen der Deutschen im Palästinensercamp hin genau Buch geführt hat. Viele wussten, was kommt.

Es beginnen Deutschlands Terrorjahre.

Die nächste Generation der RAF erinnert sich wieder an die Ausbildung der Gründergeneration in Arabien. Wieder fliegt man in den Orient. Diesmal allerdings nicht nach Jordanien, dort gibt es keine palästinensischen Militärcamps mehr. Dafür kann man jetzt im Jemen gut schießen lernen. Der Jemen ist damals noch getrennt in Nord- und Südjemen, der Süden ist kommunistisch. Wer sich aus dem Gefängnis freipressen lassen will, gibt als Zielflughafen dessen Hauptstadt Aden an. Inzwischen sind die Terrorcamps international besetzt. Der deutsche Terrorist trifft lernwillige Kollegen aus Irland und Italien, Holländer und Basken sind da.

Die Lager scheinen sich auch nach der Wiedervereinigung von Nord- und Südjemen bewährt zu haben. Heute dienen die Camps als Rückzugspunkte von Al-Qaida. Schließlich braucht jede Terrorgeneration ihre Lager. Sprengstoff explodiert nicht von alleine, jemand muss es einem beibringen. Allerdings wird das Treiben nicht mehr von der Stasi beobachtet, sondern von amerikanischen Satelliten.

Ludwig Borchardt

Wo: Ägypten
Wann: Nikolaus 1912
Warum: Raub der Nofretete

A m Flughafen ist es groß angeschrieben, in jedem Reiseführer ist es nachzulesen, und eigentlich weiß man es sowieso: Es ist verboten, antike Stücke aus dem Land zu schaffen. Die Strafen sind drakonisch. Aber in Ägypten wird die kriminelle Ader in uns zum Leben erweckt. Im Angesicht der Pyramiden wird Herr Biedermann plötzlich zum Hehler. Der Erwerb eines zerbröselten Gipsbrockens aus der Pharaonenzeit ist zwar höchst illegal, aber schon die Vorstellung, in den erlesenen Kreis derjenigen aufgenommen zu sein, die den zu Stein gewordenen Hauch der Geschichte überhaupt angeboten bekommen, führt die Hand zum Geldbeutel. Und mit viel Glück gelingt hinterher sogar der Schmuggel durch den Zoll. Vorher muss aber noch jemand ins Vertrauen gezogen werden. Man will ja später nicht als Germanys Best Trottel dastehen, der sich leichtfertig eine Kopie als echte Ramses-Rarität hat andrehen lassen. Nun findet sich unter den Gruppenreisenden eher selten ein echter Spezialist für altägyptische Kunst, also wird jemand gefragt, der eine Universität wenigstens schon mal von innen gesehen hat. Meistens ein Zahnarzt. Der kennt sich aus mit Echtem und mit Falschem. Und der sagt wahrheitsgemäß über das Stück in unserer schweißnassen Hand:

keine Ahnung, vielleicht alt, vielleicht auch nicht. Dieses »Vielleicht« aus studiertem Mund genügt als Beweis. Ob Steinfinger, Gipszehe oder nur verdreckte Glasscherbe: Wir erschaudern, das Stück ist antik. Ganz sicher.

An den Grenzen gibt es wie erhofft keinen Ärger. Weder ägyptische noch deutsche Zollstellen schlagen sich nämlich mit billigen Souvenirs herum. Echte Stücke aus dem Altertum gibt es in Ägypten seit fast hundert Jahren nicht mehr. Das wirklich Wertvolle landet in Händen von Großkriminellen, die damit bei Christie's und Sotheby's Reibach machen. Generationen von Ägyptern lebten von gefälschten Fundstücken. Diese Familien gehören nicht zur ägyptischen Halbwelt, sondern sind hoch angesehen, wobei der Stolz am größten ist, wenn es einen hochbegabten Vorfahren gab, dessen Meisterstücke es bis in ein staatliches ägyptisches Museum Mitteleuropas geschafft haben. Als Original natürlich.

Im Jahr 1912 war das noch etwas anders. Archäologen gruben ganz Ägypten um. Als Lohn für die ganze Schwitzerei durften sie dann auch was mitnehmen. Legal.

Der Berliner Ludwig Borchardt kommt 1895 nach Ägypten. Eigentlich ist er Architekt, aber er baut nicht, sondern buddelt. Er heiratet Mimi, eine Frau aus reichem Haus, bleibt in Ägypten hängen, stirbt 1938 in Paris und ist in Kairo begraben. Er gehört zu jenen Männern der Weltgeschichte, denen die Frau völlig die Schau gestohlen hat. Nicht die Ehefrau, ja nicht einmal eine ganze Frau, sondern ein bunt bemalter Kopf, dem ein Auge fehlt: Nofretete.

Ganze Generationen von deutschen Außenministern haben sich den Mund fusselig geredet, wenn die Ägypter zum x-ten Mal gefordert haben, dass das gestohlene Stück endlich wieder zurückgegeben wird.

Verdammt, wir geben sie nicht mehr her!

Inzwischen wird die Büste auf 300 Millionen Euro geschätzt. Es ist viel zu gefährlich, ach was, geradezu höchst verantwortungslos, sie auch nur um einen einzigen Millimeter zu verrücken. Das ist natürlich eine matte Ausrede und zieht bei den Ägyptern überhaupt nicht. Und so sind wir um jede politische Erschütterung in Ägypten froh, weil dann wieder eine Zeitlang Ruhe ist mit den Rückgabeforderungen.

Als Borchardt in Ägypten unterwegs ist, ist in Europa das Interesse an altem ägyptischem Gerümpel riesengroß. Das Land selbst hat dabei nicht viel zu sagen, es steht unter britischer Besatzung, und die ganze Antiquitätenangelegenheit wird von Franzosen verwaltet. Die kennen sich aus mit dem Pharaonenzeug, denn Napoleon hat 100 Jahre zuvor schon etliche Obelisken nach Paris geschleppt. In England und Frankreich gibt es schon riesige Museen für die Überreste des alten Orients, nur die Deutschen sind wieder mal zu spät. Also wird in Berlin 1898 ein Verein gegründet, mit viel Geld ausgestattet, und mit Schaufel und Eimerchen marschiert man los, das Altertum auszugraben. Auch Borchardt gräbt im Auftrag dieser DOG, der Deutschen Orient-Gesellschaft. Der Deutsche Kaiser hofft auf große Entdeckungen. Aber es geht ziemlich langweilig los. Borchardt arbeitet am Katalog für das Ägyptische Museum. Jedes Teil wird aufgelistet. Er steht im muffigen Keller, schaut die Sachen an, schreibt sie ins Buch. Täglich. Endlos. Kaum hat er den Auftrag, jetzt draußen im richtigen Sand zu graben, fällt er in Ungnade. Er hätte seine ausländischen Kollegen bei Grabungen in der Nachbarschaft ausspioniert, heißt es. Das Geld wird gekürzt. Außerdem, meinen die Finanziers, sei es in Babylonien gerade spannender als in Ägypten.

Borchardt bleibt am Nil und gräbt an anderer Stelle weiter: in Tell Amarna. Der staubige Platz liegt zwischen Kairo und Luxor. Man wusste, dass dort Ruinen sind, aber bisher war es nicht sehr spektakulär. Vier Jahre hatte er schon gegraben. 260 Einheimische sind für die niederen Grabungsdienste angeheuert, Schutt abtragen, Schutt sieben, Schutt wegtragen. Dann kommt der Nikolaustag 1912. Den moslemischen

Einheimischen ist der Nikolaus egal, dem Juden Borchardt ebenso, also wird ganz normal gearbeitet. Und plötzlich ein Fund! Nach über 3000 Jahren kommt sie wieder ans Tageslicht, knapp 50 Zentimeter hoch, wunderschön, fast intakt, die Königin Nofretete. Heute neben dem Brandenburger Tor und dem Checkpoint Charlie der Hauptanziehungspunkt Berlins. Aus der Südsee kennt man Muschelheilige, aus Amerika Indianertotems und Mayaklunker, aber meistens sind die fremden Götter unansehnliche fette FKK-Knödel oder bunt gefiederte Fratzen. Doch Nofretete ist wunderschön.

Sie ist ein modernes Schönheitsideal. Schlank, sportlich und sexy, eine gelungene Mischung aus Romy Schneider und Olli Kahns neuestem Disco-Aufriss, das perfekte Titelbild für *Gala* und *Bunte*. Das heißt, man hat den Nofretete-Kopf immer dementsprechend beleuchtet. Aber im Zug der Neuaufstellung in Berlin haben die Wissenschaftler aus Versehen die Lampe etwas verrückt, und plötzlich wurde aus der frischen jungen Königin eine recht mittelalterliche Mama. Aber von wegen Enttäuschung. Seitdem kennt die Begeisterung keine Grenzen mehr. Eine Frau im mittleren Alter, faltenfrei, glänzender Teint, makellose Haut. Da fragt sich natürlich jede staunende Besucherin: Was hat sie wohl verwendet? Was war das für ein geheimnisvolles Beautyprodukt? War es die L'Oréal-Nilschlamm-Lotion, das Garnier-Eseldreck-Make-up, gar der Weleda-Anti-Aging-Wüstensand und dazu das königliche Hammelfett von Vichy als Lipgloss? Es bleibt ein Rätsel. In Wahrheit ist alles nur bunter Gips, der über einen Kalkstein gezogen ist. Einmal mit dem Fingernagel zu nah ran, und alles ist hin, die meisten Damen kennen das Problem.

Und dabei ist die begehrte Büste nicht einmal fertig. Ludwig Borchardt hat sie nicht in einem prunkvollen Thronsaal gefunden oder an anderer altehrwürdiger Stelle, platziert zur Verehrung durch die Untertanen. Sie lag in der Werkstatt herum. Womöglich bloß in der Garage des Oberbildhauers Thutmosis. Seitdem wird spekuliert. Ist das Ganze nur als Modell gedacht? Ist der Handwerker Thutmosis wie ein Staubsaugervertreter mit Nofretete unter dem Arm zum Palast marschiert, hat dort seine staubigen Schlappen ausgezogen und ist vor die königliche Kundschaft getreten: Hoheit, so ungefähr könnten wir's machen. Oder wollen Sie es lieber so, oder so? Hat da das linke Auge schon gefehlt, oder ist er auf dem Rückweg noch in einer Wirtschaft versumpft? Hat er im »Wirtshaus zur Goldenen Sphinx« mit drei, vier Nilschnäpsen seinen Ärger hinuntergespült, weil sie wieder nicht wussten, was sie wollten, die überspannten Herrschaften. Und auf dem Heimweg ist ihm dann ein paarmal der Kopf aus der Hand geglitten. Oder es waren noch mehr Schnäpse, und er hat einfach die Rechnung damit bezahlt, das Auge war ja aus purem Bergkristall. Die Professoren der Altertumskunde rätseln bis heute.

Eines ist klar. Nofretetes Untertanen waren nicht annähernd so begeistert von ihrer Königin wie wir heute von ihrem Gipskopf. Ihr Mann war daran schuld. Der Pharao Echnaton führte plötzlich eine andere Religion ein. Tausende von Jahren hatten sich die Ägypter damit abgefunden, dass ihre Religion eine hochkomplizierte Angelegenheit war. Dutzende von Göttern waren auswendig zu lernen. Nicht wie bei uns, Dreieinigkeit, dazu Josef und Maria und noch ein paar Heilige, die man im Notfall schnell nachblättern kann. Götter über Götter, mit verschiedenen Zuständigkeiten und Aufgaben, Gestirne, Schlangen, Hunde, alle mit einem Namen, die kein Mensch richtig aussprechen kann, und das Ganze nicht einmal anständig aufgeschrieben, sondern in hieroglyphischen Bildern gemalt. Und dann kommt dieser neue Pharao daher und sagt: Das könnt ihr alles vergessen. Es gibt nur einen Gott.

Also alle Mühe umsonst. Abgesehen davon trieb er mit diesem monotheistischen Religionsbefehl unzählige Menschen in den Ruin. Ganze Priesterschaften, die sich liebevoll um ihre göttlichen Figürchen kümmerten, waren plötzlich überflüssig.

Die Handwerker, die seit Menschengedenken davon lebten, die tausenderlei Gottheiten aus Lehm, Gips oder Kalk zu formen. Die Altärchen in den Privathäusern, das ganze von der Religion bestimmte öffentliche Leben – alles weg. Sie hassten ihn. Echnaton, ein Spross der 18. Dynastie, ist der erste Herrscher, der den Glauben an den EINEN Gott einführte. Das war pure Revolution. Nach 17 Jahren war seine Herrschaft beendet, die Priester rissen die Macht wieder an sich, der Palast Echnatons wurde dem Erdboden gleichgemacht, jede Erinnerung an diese Zeit ausgelöscht. Die alten Götter wurden wieder vom Dachboden geholt. Doch der Gedanke, dass es vielleicht doch nur EINEN Gott gibt, war nicht mehr aus der Menschheit zu tilgen.

Sigmund Freud beschreibt in seinem Buch *Der Mann Moses und die monotheistische Religion* eine verblüffende Theorie. Die Geschichte des Moses, der am Nil im Schilfkorb ausgesetzt worden war, spielt in der Zeit der Unruhe, in der die ägyptischen Priester versuchten, ihre Macht zurückzuerobern. Moses und seine Leute seien die letzten unverbesserlichen Anhänger des Echnaton gewesen, die man nun ins Elend getrieben hätte. Doch Moses Leute entkommen den Mördern und überleben in der Wüste, das steht sogar in der Bibel. Das Grüppchen der Flüchtlinge glaubt nach wie vor an einen einzigen Gott. Die Nachfahren dieser Idee kennt man: Juden, Christen, Moslems.

Ludwig Borchardt muss seine Stücke der Antikenverwaltung vorlegen. Die wählen aus, was im Land bleiben muss, und was der Ausgräber in seine Heimat mitnehmen darf. Fundteilung nannte man das damals. Borchardt legt seine beiden besten Teile nebeneinander. Böse Zungen behaupten, er habe die Nofretete fachmännisch zerlegt, zumindest beschmutzt, auf jeden Fall so präpariert, dass sich die Antikenaufseher für ein steinernes Altarbild entscheiden – gegen Nofretete. Er spielt den Fund herunter, schreibt in die Heimat, Echnaton und seine Familie »fangen an, mich zu langweilen«. 1913 bringt er sie nach Deutschland. Aber er hält den Fund für so bedeutend, dass er ihn jahrelang nicht ausstellen lässt, um nur ja keinen Ärger mit den Ägyptern zu provozieren. Kaiser Wilhelm bekommt eine Kopie, Hitler später auch. Der dicke Göring versteht nichts davon und will sie den Ägyptern zurückgeben, doch der Diktator pfeift ihn zurück. Am Kriegsende finden amerikanische Soldaten die aus dem bombardierten Berlin gerettete Nofretete in einem Salzbergwerk in Thüringen. Die Kiste hat allerdings eine ganz andere Nummer als die Kiste, in die sie eingepackt wurde. So halten sich bis heute diverse Verschwörungstheorien von Fälschung, Raub et cetera.

Ein letzter Hinweis: Wer heute in Berlin nach Borchardt fragt, landet nicht bei der Nofretete, sondern im gleichnamigen Szenerestaurant zwischen Staatssekretären, Lobbyisten und Berliner Promis. Aber auch hier gilt dasselbe wie im Angesicht der Nofretete: sehen und gesehen werden.

Michael Martin

Wo: Wüste
Wann: seit 1980
Warum: brumm-brumm und knips-knips

Dia-Abend. Es klingt so harmlos. Aber dieses Wort verbreitete einst mehr Angst und Schrecken in Mitteleuropa als »Die Russen kommen« oder »Atomangriff«. Im ausgehenden letzten Jahrhundert gab es auch keine Luftschutzkeller mehr, nackt und schutzlos war man dem Bilderterror ausgesetzt. Man musste kein Nostradamus sein, um die Ereignisse, die den Sommerferien unweigerlich folgen sollten, vorherzusagen. Als nämlich die Urlaubstage für alle vorüber waren, trudelten nach und nach die Postkartengrüße von Oma, Onkel, Kegelbrüdern und Nachbarn ein. Jetzt war es nur noch eine Frage der Zeit, bis die Diapositive der Urlauber gerahmt und sortiert waren und die telefonische Einladung zum Dia-Abend daherkam. Irgendwann zwischen Oktoberfest und Weihnachten. Sämtliche Ausreden der Weltgeschichte waren längst verbraten und verheizt. Also sagten wir, wir freuen uns, wir kommen, wir sind schon ganz gespannt. Und wie erfreulich es sei, in welcher Geschwindigkeit dieser Schnarchsack von Fotoladenbesitzer die Filme entwickelt hätte.

Auf den Ablauf eines Dia-Abends im privaten Kreis konnte man sich verlassen. Das Zimmer wurde verdunkelt, das Projektionsgerät auf eine freie Fläche auf der Wand gerichtet. Der dunkle Punkt in der Bildmitte war kein Fehler am Dia, sondern der Nagel, an dem sonst das Bild des röhrenden Hirschen hing.

Es geht los. Die ersten 150 Dias sieht man bei vollem Bewusstsein, dann ist Pause, zum Abkühlen der Projektorglühbirne, ja, so war das in der Elektrosteinzeit, also in den Siebzigern. Es gibt Knabberzeug. Dann die nächste Runde. Durch Materialverschleiß oder menschliches Versagen, womöglich ausgelöst durch ungehemmte Alkoholzufuhr, ist Mitte der zweiten Hälfte mit einer Unterbrechung zu rechnen, die einen aus dem Nickerchen reißt. Das große Licht geht an. Denn irgendeines dieser Miniaturbilder hat sich im Hebelmechanismus der Maschinerie verhakt und ist nicht mehr loszukriegen. Die Reparaturarbeit des echauffierten Hausherrn zieht sich bis in die frühen Morgenstunden hin, aber man bleibt höflich und wacker im Sessel sitzen, denn »Das Beste kommt noch«. Als menschliches Wrack kehrt man unter morgendlichem Vogelgezwitscher in die eigenen vier Wände zurück. Mit dem Schwur auf den Lippen, noch morgen die Einladung zum eigenen Dia-Abend in die Post zu geben.

Zum Glück ist die Ära des privaten Diapositivismus vorbei. Es gibt inzwischen Profis, die in riesige Stadthallen einladen und dort in Multi-Duplex-360-Grad-Mediavision-Control-Picture-Systems ihre Urlaubserlebnisse vorführen. Michael Martin ist der King unter den Dia-Königen. Er durchquerte Afrika in allen Himmelsrichtungen. Seine Dias sind immer einzigartig, die Menschen immer ursprünglich und seine Erlebnisse ausnahmslos große Abenteuer. Hat man einen seiner Vorträge verpasst, macht das nichts, denn es gibt Bildbände, die entweder *Abenteuer Motorrad* oder *Motorrad-Abenteuer* heißen, oder *Mit dem Motorrad durch Afrika* oder *Afrika vom Motorrad aus.* Wer schon alle Bücher von ihm hat, aber keine Zeit, täglich in einen Michael-Martin-Vortrag zu gehen, wird professionell unterstützt. Auf seiner Homepage finden sich ein paar Tipps, die aus der Bredouille helfen:

»Michael Martin präsentiert seine neue Diashow in aller Regel als einteilige Veranstaltung. An manchen Wochenenden gibt es aber auch eine zweiteilige Version, die eine etwas größere Gesamtlänge hat. Wenn Sie eine der zweiteiligen Veranstaltungen besuchen, sollten Sie unbedingt beide Teile ansehen, denn ansonsten versäumen Sie einfach die Hälfte! Bei zweiteiligen Veranstaltungen sind die Beginnzeiten und Eintrittspreise so gewählt, dass beide Teile besucht werden können.« Gott sei Dank!

Wenn ein junger Mann Geographie, Politik und Völkerkunde studiert hat, gibt es naturgemäß ein klar definiertes Berufsziel: Er wird Taxifahrer. Und die nächsten 40 Jahre erzählt der nach Zigarettenduft dünstende Mann mit Wuschelkopf und Lederjacke seinen Fahrgästen von seinem Diplom und der Ungerechtigkeit der Welt. Am liebsten fahre er *zum* oder *vom* Flughafen, das bringe erstens mehr Geld und habe zudem mit seinem Fernweh nach fremden Ländern zu tun, siehe Studium der Völkerkunde.

Bei Michael Martin ist das anders. Der Münchner Wurzelsepp fährt zwar auch durch die Gegend, aber nicht als Taxichauffeur, sondern mit einem Motorrad. Außerdem meistens allein.

Wer sich jemals über rücksichtslose Biker aufgeregt hat, die uns auf engen Passstraßen auf unserer eigenen Fahrspur bis auf wenige Millimeter entgegendonnern, oder die anderen, die sich im Autobahnstau gnadenlos zwischen den Außenspiegeln hindurchquetschen, muss über jeden dieser Zeitgenossen froh sein, der sein Unwesen in der Wüste treibt. Dennoch: Dem Skitourengeher wird eingebleut, er solle die Klappe halten und in der Spur bleiben, sonst verschrecke er auf unsittliche Art und Weise die Tierwelt der Berge. Taucher sollen sich nur vorsichtig dem Papageienfisch nähern, sonst erschrickt der sich. Korallen nicht berühren. Aber auf der »Maschin« (so heißt es süddeutsch für Motorrad) laut, stinkig und viel zu schnell durch die Natur zu brettern, ist erlaubt. Nicht nur erlaubt, es ist cool. Wahrscheinlich voll cool oder sogar total krass.

Wie viele Wüsten es auf der Erde gibt, weiß kein Mensch, aber eines ist sicher: Michael Martin war schon da. Und er hat Bilder gemacht. Diese zeigen die Sandkästen der Welt in ihrer »Ursprünglichkeit«, ihrer »Erhabenheit« und in ihrer »Vielfalt« auch. Natürlich ist es nichts Neues, sondern nur ein völlig banaler physikalischer Vorgang, dass Sandkörner im Abendrot eine rote Farbe haben, in der gleißenden Mittagssonne fast weiß erscheinen und in der Nacht dunkelgrau. Doch für Martin ist jede banale Einzelheit der Natur eine beglückend erregende Erkenntnis.

Tiere sind auf den Bildern eher selten zu sehen. Die sind schon lange vor dem Höllenlärm des Zweirads hinter die Berge geflohen. Aber Michael Martins Publikum ist immer wieder fasziniert. Es geht auch nur vordergründig um seine Bilder. In Wahrheit steht vorne auf der Bühne der fleischgewordene Frauentraum. Der Abenteurer mit dem einnehmenden Lachen, im Hintergrund die große, weite Welt. Die Mischung aus Xavier Naidoo und Winnetou, sensibel und trotzdem so robust, dass ihm ein Sonnenbrand nichts anhaben kann, weil er als Kind wahrscheinlich in ein Fass Tiroler Nussöl gefallen ist. In jedem Fall ein toller Typ, der ein T-Shirt so trägt, wie man es tragen soll, nämlich lässig. Und nicht so armselig über den Bauch gespannt wie der spießige Lebenspartner, den man zu Hause hat. Das größte Abenteuer, das man mit so einem erleben kann, ist die IKEA-Expedition am Samstagvormittag.

Die Zuschauerinnen kleben an seinen Lippen. Fast schon magisch zieht er zum großen Teil die Pädagoginnen an, die sich an jenen Dia-Abenden aus der Langeweile ihres Daseins in das große Abenteuer träumen. Die schon in Schockstarre verfallen, wenn sich in das krause Haar eines Schülers eine harmlose Laus verirrt hat, aber sofort zu Michael Martin auf den Sozius steigen würden, wenn er sie in die insektenverseuchteste Hütte der Sahara mitschleppen würde. Tut er aber nicht. Es ist nur eine Phantasie, ausgelebt in der leblosen Stadthalle eines x-beliebigen Ortes, Beginn 20 Uhr. Wie aufregend muss es sein, wenn einem der Wüstensturm nachts das Zelt in Stücke reißt. In Wahrheit ist es natürlich nicht romantisch, sondern höchst ärgerlich. Egal. Es herrscht die Sehnsucht nach dem Kick. Michael Martin erzählt Einschlafgeschichten für Erwachsene (oder die sich dafür halten). Er ist zweifelsohne der Benjamin Blümchen der Sahara.

Natürlich sind auch Männer im Publikum. Steuerberater, Finanzbeamte, die ganzen Rüdiger Nehbergs der Deutschen Bank. Die interessieren sich weniger für das Aussehen des Abenteurers, sondern für Aufnahmetechnik und Ausrüstung. Und die ist wie immer großartig bei Michael Martin. Alle im Publikum verbindet das gute Gefühl, engagiert für die Erhaltung der Natur einzutreten. Schließlich hat Michael Martin im Jahr 2005 auf der Weltklimakonferenz einen Vortrag gehalten über, ja was wohl: Wüsten. Michael Martin gibt sich als Naturschützer. Leider ist eine Fotoausrüstung ziemlich teuer. Also müssen Sponsoren her. Auf den unzähligen Werbetafeln kann der interessierte Zuhörer dann die bekannten Naturschützer ablesen, die den rasenden Fotografen finanziell unterstützen: BMW, Nikon, Globetrotter. Aber Globetrotter rettet keine aussterbenden Tierarten, sondern ist eine schnöde Versandhandelsfirma kapitalistischer Prägung, die uns Reisende mit Navigationsgeräten und überflüssiger Astronautennahrung ausrüstet, wenn wir nur für einen Nachmittag zum Spaziergang in den Bayerischen Wald fahren. Der Mitinhaber Denart wurde in den sechziger Jahren berühmt, als er in einem Sarg den Nil abwärts paddelte. Der Sponsor Travel Overland ist eine hundertprozentige Tochter des Otto Konzerns, der eher dafür bekannt ist, auch noch gierig Quelle geschluckt zu haben als für ausgeprägten Naturschutz. Sei's drum. Der Mann hat sein Hobby zum Beruf gemacht. Wer schafft das schon. Als Jugendlicher schnappte er sich ein Mofa und fuhr damit zum ersten Mal nach Marokko. Das nordafrikanische Land war damals fast der einzige arabische Staat, auf den sich der sogenannte Westen verlassen konnte. Diktatur und Hippieparadies. Hassan II. regierte als König von 1961 bis 1999, seine Abstammung führte er bis auf den Propheten Muhammad zurück. Die Geschäfte Europas liefen glänzend mit ihm, sogar die Amerikaner durften ein bisschen Militär ins Land bringen. Es gibt keinen Politiker jener Zeit, der sich nicht gerne neben dem strahlenden Märchenkönig fotografieren ließ. Erst nach seinem Tod war er nicht mehr der liebe Freund, sondern plötzlich ein »Despot«. Er ließ Menschen verschwinden in südamerikanischem Ausmaß, die Menschenrechte waren ihm unbekannt, und bis heute ist es nicht gelungen, das Analphabetentum der Bevölkerung in den Griff zu bekommen. Hassans Regierungszeit war eine derartige Katastrophe, dass sogar sein Sohn, der nun als König Mohammed VI. das Land regiert, im Jahr 2004 eine »Wahrheitskommission« einrichtete, die die Machenschaften des Vaters aufdecken und wenn möglich wiedergutmachen soll. Wie so oft, hätte man früher hinschauen sollen.

Also, liebe Sahara-Biker:

»Schau nicht links,
schau nicht rechts,
schau nur geradeaus,
dann kommst mit schönen Wüstenbildern
du nach Haus.«

Alois Brunner

Wo: Syrien
Wann: von (unbekannt) bis (noch unbekannter)
Warum: Sauerkrauthandel eines Massenmörders

Die manuelle Herstellung von Sauerkraut dauert vier bis sechs Wochen. Weißkohl wird in Streifen geschnitten, kräftig gesalzen und gepresst. Kommt zu viel Luft dazwischen, fault die Pampe. Wer es richtig macht, setzt einen Gärungsprozess in Gang. Am Ende steht eine der gesündesten Speisen der Erde auf dem Tisch: kalorienarm und fettlos, vitaminreich und mineralstoffhaltig. Die alten Griechen wussten es ebenso zu schätzen wie die Chinesen. Sauerkraut ist gesund. Warum nicht auch für die Araber? Da er nur mehr ein Auge hatte und an seiner linken Hand vier Finger fehlten, holte sich Alois Brunner für seine Sauerkrautproduktion in Damaskus ein paar hilfsbereite Studenten in seine Wohnung. Hätte Brunner geahnt, dass das Sauerkraut mit ziemlicher Sicherheit mit der jüdischen Küche nach Westeuropa gelangt ist, hätte er die Finger davongelassen. Alois Brunner war nämlich Nazi.

Kein Nazi im herkömmlichen Sinn. So einer, der eben »irgendwie« mitgemacht hat und auch nach dem Krieg noch Nazi war, aber es eben nicht mehr öffentlich gesagt hat. Nicht so einer. Alois Brunner war Nazi durch und durch. Brutal und menschenverachtend, roh, kalt und grausam. An der Seite Adolf

Eichmanns war er hauptverantwortlich für den Völkermord an den Juden. Aber er wurde nie dafür belangt, flüchtete irgendwann nach dem Krieg nach Syrien, tauchte unter und erzählt bis in unsere Tage jedem, dass man ihm dankbar sein könne, Wien »judenfrei« gemacht zu haben.

Als ich mich in Damaskus auf die Suche nach Alois Brunner mache, finde ich unverhofft das Geschäft, in dem Brunners Sauerkraut verkauft wurde. Über dem Eingang prangt in arabischen Lettern der Name des Geschäfts: »Nura«. Auffallenderweise trägt eine Tante Brunners denselben Namen.

Es ist früher Nachmittag. Gegen die Hitze sind die Rollläden heruntergelassen. In den Regalen stehen auffallend viele westliche Produkte. Tempo, Nivea, Nesquick und so weiter. In der näheren Umgebung liegen unzählige Botschaften, Konsulate und Residenzen westlicher Diplomaten. Daher die Kundschaft. Der Besitzer des Ladens, ein freundlicher älterer Herr, sitzt neben der Kasse auf einem wackeligen Stuhl und hält arabische Siesta.

»Das Sauerkraut war sehr beliebt bei der deutschen Kundschaft«, erinnert er sich. »Nur die DDR-Leute haben es nicht gekauft.« Denn alle wussten, wer es herstellte: Alois Brunner, einer der meistgesuchten Naziverbrecher.

Alois Brunner wurde 1912 in Österreich geboren und diente sich bis zum SS-Hauptsturmführer hoch. Er wütete in ganz Europa, von Berlin bis Saloniki, von Paris bis in die Slowakei. Selbst Babys verschonte er nicht, wachte persönlich über ihren Transport nach Auschwitz. Weit über 100 000 Menschenleben hat er vernichtet.

In der Nachkriegszeit ging es oft recht übergangslos von der SS in die Dienste des amerikanischen Geheimdienstes. Natürlich gab es das Tribunal in Nürnberg, aber der Betrieb musste ja irgendwie weitergehen.

Während des Zweiten Weltkriegs wurde der Wehrmachtsgeneral Reinhard Gehlen zum Leiter der sogenannten Ost-Spionage ernannt. Russische Kriegsgefangene wurden »befragt«, das heißt gefoltert, jeder menschliche Umgang mit den Gefangenen wurde untersagt.

Reinhard Gehlen war nach Kriegsende die Rettung für die Nazis. Um der russischen Gefangenschaft zu entgehen, stellte er sich den Amerikanern und bot ihnen seine Dienste an. Sie nehmen dankbar an. Mündlich wird vereinbart: »1. Es wird eine deutsche nachrichtendienstliche Organisation unter Benutzung des vorhandenen Potenzials geschaffen, die nach Osten aufklärt bzw. die alte Arbeit im gleichen Sinn fortsetzt. Die Grundlage ist das gemeinsame Interesse an der Verteidigung gegen den Kommunismus. 2. Die deutsche Organisation arbeitet nicht für oder unter den Amerikanern, sondern mit den Amerikanern zusammen.«

Diese »Zusammenarbeit« funktioniert perfekt. Anstatt die Kriegsverbrecher auszuliefern, werden sie in höchste Ämter der jungen Bundesrepublik gehoben. Reinhard Gehlen selbst wird erster Präsident des BND. In dieser Position schart er seine alten SS-Freunde um sich und schützt die, die man nicht so ohne weiteres der Öffentlichkeit präsentieren kann. Alois Brunner ist so einer. Er bekommt einen falschen Pass und nennt sich bis heute »Georg Fischer«. Seine neue Adresse: Damaskus, Syrien.

Der syrische Präsident Hafis el-Assad kennt Brunners Vergangenheit und stellt ihn in seine Dienste. Ein berüchtigtes Folterwerkzeug der syrischen Geheimdienste verdankt ihm seinen Namen: *al-kursi al-almani,* »der deutsche Stuhl.«

Während er in Frankreich im Laufe der Jahre zweimal zum Tode und einmal zu lebenslanger Haft verurteilt wird, ringt sich die Bundesrepublik Deutschland nur sehr gemächlich dazu durch, den Massenmörder zu suchen. Ja, die deutschen

Diplomaten stellen dem syrischen Präsidenten sogar ab und zu die rhetorische Frage: »Wo ist Alois Brunner?« Der antwortet darauf immer, den kenne er nicht, aber wenn er etwas in Erfahrung bringen würde, helfe er gerne. Ein Ritual.

Während sich der BND rührend um den Mitarbeiter Brunner im syrischen Ausland kümmert, setzen die Länder Hessen und Nordrhein-Westfalen eine Belohnung von einer halben Million Mark für Hinweise zu seinem Aufenthaltsort aus. Ich habe einen Termin beim Landeskriminalamt in München, ein paar Herren aus Wiesbaden sind auch da. BKA. Es geht darum, ob ich wüsste, wer Alois Brunner täglich die Post bringe. Über diesen Mittelsmann plane man, Brunner ein neues Glasauge schmackhaft zu machen. Glasaugen müsse man angeblich alle paar Jahre austauschen, und die neuen Modelle hielten bis zu 20 Jahre. Das wär doch was für den alten Herrn. Ob Brunner tatsächlich die Werbung für ein neues Glasauge interessiert, das auch dann noch funktioniert, wenn er längst unter der Erde liegt, bezweifle ich. Als ich gehe und laut den Gedanken ausspreche, die Brunner-Geschichte veröffentlichen zu wollen, höre ich den Satz, den ich bis zu diesem Moment nur aus Kinofilmen kannte: »Sie waren nie bei uns.«

Da ich kein 007 bin, dauert es eine Weile, bis ich kapiere, dass die Herrschaften gar nichts über Alois Brunner herausfinden wollten. Sie wissen ja eh alles. Es ging ausschließlich darum, einen bayerischen Kabarettisten auszuhorchen, wie nah der dem Versteck Brunners gekommen war.

Unter einem Vorwand spreche ich bei meinen vielen Syrienbesuchen regelmäßig in der deutschen Botschaft vor. Sie liegt ungefähr fünf Gehminuten von der Wohnung Brunners entfernt. Einmal wird es dem Herrn, der zu dem penetranten Besucher abgestellt war, zu bunt. Er brüllt mich an: »Er ist tot! Er ist tot! Tot! Tot! Verstehen Sie! Tot!«

Aber er ist nicht tot. Am Nachmittag bin ich in einem Tante-Emma-Laden, der hundert Meter entfernt gegenüber Brunners Wohnung liegt. Der Besitzer führt mich auf die Straße: »Da lebt er.«

Tatsächlich aber ist Brunner zu diesem Zeitpunkt nicht mehr in der berühmten Adresse »Rue Haddad 7«. Im Jahr 1985 veröffentlicht die sonst eher für Promigeschwätz bekannte *Bunte* eine Reportage über den Damaszener Aufenthalt von »Georg Fischer«. Jetzt wird es Präsident Assad zu heiß. Er schaut dem Treiben noch ein paar Jahre zu, aber schließlich verbannt er Brunner an einen unbekannten Ort. Ein Bekannter von mir, der mit dem Polizisten befreundet ist, der Brunner eine Zeitlang beschützt hat, bemitleidet ihn: »Er darf nicht mehr ans Telefon. Nicht mal ans Fenster.«

In Aleppo bekomme ich einen Tipp. »Schau doch mal in Slunfe«. Am anderen Ende der Leitung ist Esther Schapira, die mit Georg M. Hafner den legendären Dokumentarfilm *Die Akte B.* recherchiert und gedreht hat. Während ich mit Esther Schapira spreche, sitze ich zwischen einem Dutzend blondierter Mädchen aus Osteuropa. Prostitution ist in Syrien übrigens genauso verboten, wie es dort auch keinen Brunner gibt. Der winzige Telefonshop war im Jahr 2000 eine der seltenen Möglichkeiten, mit dem Ausland zu telefonieren.

Ich fahre los. Es stellt sich heraus, der Ort Slunfe liegt im Herkunftsgebiet der Assad-Familie. Zufälle gibt's!

Im Laufe der Jahre meiner Recherche wird es spürbar heikler, in Syrien die Frage nach Brunner zu stellen. Zudem werde ich immer wütender, gar nichts herauszufinden. Da hilft der Zufall.

Zu Fuß kreise ich unzählige Male um die ehemalige Wohnung Alois Brunners in Damaskus, halte in den Straßen Ausschau nach Herren in seinem Alter. Es ist kaum möglich, dabei nicht aufzufallen. Auffallen, das ist in einer Diktatur immer schlecht.

Wilhelm Dietl, der ehemalige *Focus*-Reporter, der als BND-Mitarbeiter enttarnt worden ist, hat mir ein Bild in der Größe eines Passfotos mitgegeben. Es zeigt den Chef eines Geheimdienstes, von denen es in Syrien mindestens neun verschiedene gibt. »Wenn was is, zeig das Bild und sag, den willst du sprechen.« Hm, beruhigend.

An jeder Ecke des Viertels stehen lässige junge Männer, manche mit Maschinenpistolen, manche mit Funkgeräten ausgerüstet. Ein bewachtes Objekt steht neben dem anderen. Brunners Wohnung mittendrin. Ein älterer Herr tritt direkt vor mir aus einer Haustüre heraus, als ich vorübergehen will, ich lasse ihn vor. Er tippelt vor mir her, um seinen Müll wegzubringen. Da spreche ich ihn von hinten an, auf Deutsch:

»Ach, Entschuldigung, sprechen Sie Deutsch?«

Er dreht sich überrascht um und sagt: »Ja.«

Der erste Blick geht immer zur Hand. Der Herr hat noch alle Finger, es ist nicht Alois Brunner. Dafür entwickelt sich ein nettes Gespräch zwischen einem jungen »Studenten« aus Deutschland und einem Syrer, der einmal Deutsch gelernt hat.

Von wem? Doch nicht von dem Deutschen da hinten, wie heißt der noch? Georg Fischer?

»Doch, doch, von dem. Von Georg Fischer.« Er lacht. Kurz.

Ich frage ihn noch, scherzend: »Wo wohnt denn der?«

Da wird der alte Mann böse.

»Gehen Sie. Gehen Sie. Bitte gehen Sie. Jetzt!«

Ich gehe.

Im Laufe meiner Reisen treffe ich in Syrien und im Libanon noch einen Schreibwarenbesitzer, der Alois Brunner kennt, zwei ehemalige Chemielaborantinnen aus der DDR, die in Damaskus der Liebe wegen hängen geblieben waren, einen palästinensischen Journalisten, einen indischen Diplomaten, einen Nähereibesitzer, einen Wäschereiinhaber und noch einige andere, sie alle kennen ihn, wissen etwas.

Die ganze Welt sucht Alois Brunner, angeblich weiß niemand, wo sich der Verbrecher aufhält. Fragt man aber einfach im Laden gegenüber, weiß jeder Bescheid.

Einmal will man ihn sogar in Argentinien gesehen haben. Zur Ablenkung. Doch dann kommt wieder eine ominöse Meldung aus Syrien. Ein Gerücht. Direkt aus Damaskus.

Es ist im Mai des Jahres 2001. Der Papst besucht Syrien. Der alte Diktator ist tot, der neue verspricht Reformen. Und dann der Hammer: »Sie backen ihm keine Plätzchen mehr!«

Dieser Hinweis breitet sich wie ein Lauffeuer aus. »Sie«, das sind die Damen der Nazigemeinde von Damaskus, die offenbar dafür bekannt sind, für Brunner Plätzchen zu backen. Das ist jetzt vorbei. Heißt das gar, er ist tot? Oder hat er davon nur Durchfall bekommen? Alle Möglichkeiten werden erörtert.

Doch auch zu diesem Zeitpunkt sagen mir ein paar Leute, die mich für einen der ihren, also einen rechtslastigen Sympathisanten, halten: Alois Brunner lebt.

Irgendwann hat mich in München einer der LKA-Beamten einmal auf ein Bier eingeladen. Aus einem wurden mehrere. Da weiht mich der LKA-Beamte in seinen Geheimplan ein. Ob man nicht mit einem Schnellboot vor der Küste warten und ich den betäubten Brunner dorthin bringen könne.

Kein Problem, sag ich. Überhaupt kein Problem.

Und wann?

Egal. Nur nicht am mittleren Juliwochenende. Da ist das Fußballturnier LKA gegen BND.

Karlheinz Stockhausen

Wo: Höhle im Libanon
Wann: 22. bis 25. November 1969
Warum: musikalisches Experiment

Ein für alle Mal: Stalaktiten sind die, die von der Decke hängen. Stalagmiten wachsen vom Boden in die Höhe. So viel zur ewigen Frage um die Tropfsteinhöhlen. Der Libanon ist berühmt für Bürgerkrieg, ständige politische Unruhe und Autobomben, für Naturwunder weniger. Doch abseits aller Schlagzeilen über wilde Schießereien gibt es dort auch eine der gewaltigsten Tropfsteinhöhlen der Erde, die »Jeita-Grotte«. Die Höhle ist so bemerkenswert, dass sie sogar um die Aufnahme in die Liste der »7 neuen Wunder der Natur«, analog zu den alten und sogenannten »neuen« sieben Weltwundern, kämpft. Schärfste Konkurrenten sind dabei die Niagarafälle, der Everest und, wohl nur für Schwarzwälder verständlich, der Schwarzwald.

Der Sinn einer Tropfsteinhöhle ist klar: Höhlentaucher tauchen dort, Forscher forschen, und Familien machen bei entsprechenden touristischen Angeboten Familienausflüge dorthin. Ein Konzertbesuch gehört meistens nicht dazu. Wieso auch? Unter einem herkömmlichen Konzertbesuch stellt man sich im Allgemeinen etwas anderes vor, nämlich Folgendes: Vorbei am Einlasspersonal gibt man seine Garderobe ab, anschließend, nach dem Kauf des Programmheftes, setzt man sich auf gepolsterte Klappstühle, während des Konzertes klatscht man nur, wenn auch andere klatschen, und in der Pause gibt es Häppchen und ein Blubbergetränk für die Dame. Hinterher hat man vielleicht eine Meinung und findet die Aufführung gut oder weniger gut.

Aber Karlheinz Stockhausen hat sich die Jeita-Grotte ausgesucht. An vier Abenden im November 1969 spielt er tief drin in der Erde Auszüge aus seinem Werk. Die Kompositionen heißen *Spiral, Setz die Segel zur Sonne, Telemusik, Stimmung* und *Hymnen.* In der Höhle herrschen bis zu 95 Prozent Luftfeuchtigkeit, die Menschen stehen dicht gedrängt auf den schmalen Stegen und Brückchen, die man durch das verzweigte Höhlensystem gelegt hat, und als Karlheinz Stockhausen mit seinem Konzert beginnt, wird auch noch das Licht gelöscht. Die Vision des 41-jährigen Stockhausen ist es, »eine surrealistische Romantik« entstehen zu lassen. Andere nennen es Panik oder Klaustrophobie.

Die kurze Konzertreihe ist Max Ernst gewidmet. Der weltweit gefeierte Maler und Bildhauer des Surrealismus ist knapp achtzig Jahre alt und befindet sich als Ehrengast unter den Zuhörern.

Karlheinz Stockhausens Musik eignet sich nicht, wenn man Freunde zum Spaghettiessen erwartet. Da greift man eher zu den Schmuseballaden von Phil Collins oder Sting, und falls der Chef mitkommt, kann es auch »Vivaldi zur Pasta« sein. Stockhausens Musik ist anstrengend, für manche sicher unerträglich. Aber er ist zu Recht ein Weltstar. Nach dem Zweiten Weltkrieg, in dem er Vater und Mutter verlor, galt er sehr bald als der führende Vertreter der neuen Musik in Deutschland. Die jungen klassischen Komponisten brachen mit allem Dagewesenen. Zu oft waren die deutschen Kompositionen von den Nazis missbraucht worden, bedienten sich die Wochenschauen und Aufmärsche der klassischen Musik, Hitler wollte sogar in den Wagner-Clan einheiraten, und diejenigen, die andere musikalische Wege gingen, galten als entartet, wurden umgebracht oder mussten ins kalifornische Exil gehen. Einer der aufstrebendsten europäischen Komponisten der zwanziger Jahre, Erich Zeisl, rettete zwar sein Leben, aber endete in Amerika als Komponist der Filmmusik für *Lassie*. Neue Musik musste her!

Nach seinem Abitur in Bergisch-Gladbach im Jahr 1947 schrieb Stockhausen zuerst Gedichte und Liedtexte, entdeckte jedoch bald die elektronische Musik. Im Kölner Rundfunk standen schon ein paar dieser neuen Musikinstrumente bereit, ein Melochord und ein Trautonium. Aber auch das genügte bald nicht mehr. Stockhausen zerlegte jetzt die Töne, oder er erfand neue hinzu. Wer hier mehr über »serielle Umstrukturierungen« und »künstlich erzeugte Tonhöhenverläufe« erfahren will, sei an die Fachliteratur verwiesen. Doch selbst wer die Theorie versteht, muss noch lange kein Fan der Musik sein, die dabei hinten rauskommt.

Hinzu kommt, dass Stockhausen nicht nur die Musik vorschreibt. Er »komponiert«, wie seine Musiker im Aufführungsraum zu stehen und wie sie dabei ihre Instrumente zu halten haben. Da müssen die Geiger liegen und die Trompeter beim Spielen Treppen auf- und abgehen.

In der Jeita-Grotte müssen sechs Sänger in vorgeschriebener Haltung auf Kissen sitzen. Das Publikum steht zum Teil achtzig Meter entfernt in der feuchten und finsteren Kalksteinhöhle, die erst kurz zuvor der Öffentlichkeit zugänglich gemacht worden war. Sie ist über zwei Kilometer lang und bis zu 120 Meter hoch. Darunter liegt ein weiteres Höhlensystem, das bereits 1836 von einem amerikanischen Missionar entdeckt wurde. Heute kann man dort wieder Bootstouren unternehmen. Denn die beiden Höhlensysteme waren über 20 Jahre unzugänglich, da in den Jahren des libanesischen Bürgerkriegs, der ein paar Jahre nach dem Stockhau-

sen-Konzert begann, dort Waffen und Munition gelagert worden waren.

Die größte Berühmtheit erlangte Karlheinz Stockhausen allerdings nicht durch ein musikalisches Ereignis, sondern durch
ein Interview. Die Terroranschläge am 11. September 2001
kommentierte er so: »Was da geschehen ist, ist natürlich, jetzt
müssen Sie alle Ihr Gehirn umstellen, das größte Kunstwerk,
was es je gegeben hat.« Natürlich ist dieser Satz verkürzt wie-
dergegeben worden, aber Stockhausen war zu diesem Zeitpunkt schon nicht mehr von dieser Welt. Er versuchte, seine
Haltung zu erklären: »Dass Leute zehn Jahre üben wie verrückt, total fanatisch, für ein Konzert, und dann sterben. Das
ist das größte Kunstwerk, das es überhaupt gibt für den ganzen Kosmos. Stellen Sie sich das doch vor, was da passiert ist.
Das sind also Leute, die sind so konzentriert auf dieses eine,
auf die eine Aufführung, und dann werden 5000 Leute in die
Auferstehung gejagt. In einem Moment. Das könnte ich nicht.
Dagegen sind wir gar nichts, also als Komponisten. Ein Ver-
brechen ist es deshalb, weil die Menschen nicht einverstan-
den waren. Die sind nicht in das *Konzert* gekommen. Das ist
klar. Und es hat ihnen niemand angekündigt, ihr könntet dabei draufgehen.«
Die Verehrer seiner Musik galten ja eh schon als nicht ganz
richtig im Kopf, doch seit diesem Interview machte er es seinen Fans noch schwerer.
Stockhausen war in armen katholischen Verhältnissen des
Rheinlands aufgewachsen. Wie so viele andere suchte auch
er in den sechziger Jahren nach neuen religiösen Antworten.
In Amerika wandte sich der damals schon berühmte Komponist der Hindumystik zu und sprach also: »Ich wurde auf Sirius ausgebildet, und dort will ich auch wieder hin, obwohl ich
noch in Kürten bei Köln wohne.«
In Kürten, nicht auf dem Sirius, starb er auch, im Dezem-

ber 2007. Sollte auch seine Musik nicht überleben, gibt es für die Stockhausen-Fans aber einen Trost: Auf dem Plattencover von *Sgt. Pepper's Lonely Hearts Club Band* ist er abgebildet. Und Beatles-Platten wird es ewig geben.

Loki Schmidt

Wo: Nil
Wann: 1977
Warum: rauchen und Staatsbesuch

Die Ehefrau eines Spitzenpolitikers zu sein und zu bleiben, ist wohl einer der härtesten Jobs der Welt. Der Verlauf des Ehelebens ist vorhersehbar: Sie wird betrogen, zuerst mit einer Sekretärin, dann mit einer Journalistin. Zur Aussprache kann es nie kommen, denn der Mann, der draußen im Garten steht, ist nicht der Ehemann, der seine Rosen schneidet und die Holzkohle auf den Grill kippt, sondern ein Leibwächter mit Knarre im Hosenbund und Knopf im Ohr.

Hat Vati wieder eine Wahl gewonnen, wird sie mit vor die Kamera gezerrt, muss vor Freude strahlen und in die Mikrofone sagen, wie sehr sie sich wieder freut. Gibt es Kinder, werden diese nie lernen, wie man sicher eine Straße überquert. Die Kleinen werden an der Haustür in die gepanzerte Limousine verfrachtet und direkt am Hintereingang des Kindergartens wieder ausgespuckt. Gibt es Termine im befreundeten Ausland, ist manchmal Damenbegleitung erwünscht. Eine Qual! Die Männer treffen sich in schmucken Palästen und altehrwürdigen Gebäuden zum Plaudern. Während ihre Staatssekretäre verhandeln, lassen sie es sich im Kaminzimmer gut gehen. Die Damen sitzen derweil auf winzigen Stühlchen in einem Kindergarten und lesen Märchen vor. Anschließend steht noch ein guter Zweck auf der Tagesordnung, denn die Frauen sind traditionsgemäß Schirmherrinnen oder ehrenamtliche Präsidentinnen von Aids- und Krebs-Stiftungen oder haben den Vorsitz in Gesellschaften, die gegen unbekannte, aber tödliche Kinderkrankheiten kämpfen. Wenn die Politikerfrau dann beim unvermeidlichen Abendbankett appetitlos im Essen herumstochert, spekuliert die Presse lieber über eine geheime Schwangerschaft als darüber, dass die ekelhaften Gerüche der Kinderkrankenhäuser ihr noch in der Nase hängen, ganz zu schweigen von den Bildern.

Loki Schmidt war anders. Sie war nie das Anhängsel ihres Mannes. Ihr Mann, den heute noch die Mehrheit der Deutschen zum Bundeskanzler wählen würde, studierte nach seiner Entlassung aus der Kriegsgefangenschaft, und sie sorgte für den Lebensunterhalt. Helmut und Hannelore »Loki« Schmidt lernten sich an der Schule kennen, beide zehn Jahre alt. Die folgenden 80 Jahre blieben sie zusammen.

Sie lag schon auf dem Sterbebett, als ihr Helmut Schmidt das erste Druckexemplar ihres letzten Buches zeigte: *Auf dem roten Teppich und fest auf der Erde.*

Ein Foto ist darin abgebildet, das sie auf dem Deck eines Nildampfers zeigt. Links von ihr steht die First Lady von Ägypten, Dschihan as-Sadat.

Sie war 16, als sie ihren Helden, den zehn Jahre älteren mittellosen Revolutionär Anwar as-Sadat, auf eigenen Wunsch und gegen den Willen ihrer Eltern heiratete. Im Oktober 1970 wurde Anwar as-Sadat zum Staatspräsidenten von Ägypten gewählt.

Der Besuch der Schmidts bei den Sadats fand im Winter 1977/78 statt. Die Paare verstanden sich blendend. Die beiden Männer strotzten vor Selbstbewusstsein. Helmut Schmidt hatte gerade den »Deutschen Herbst« hinter sich. Zwei Monate war es her, dass in der somalischen Hauptstadt Mogadischu 86 Passagiere aus der entführten Lufthansamaschine »Landshut« unverletzt befreit werden konnten. Die meistgesuchten deutschen Terroristen waren inzwischen tot.

Anwar as-Sadat kann auch mit einer Heldengeschichte aufwarten. Am 19. November 1977 reiste er als erster arabischer Staatschef nach Israel. Eine Sensation. Seine Friedensinitiative hatte er kurz zuvor im ägyptischen Parlament angekündigt. Bis ans Ende der Welt, selbst in die Knesset nach Israel würde er gehen, wenn er dadurch den Tod eines einzigen Soldaten verhindern könne. Als as-Sadat tatsächlich nach Jerusalem reist und das Existenzrecht Israels anerkennt, brechen die arabischen Staaten den Kontakt zu Ägypten ab. Er gilt als Verräter. Der israelische Ministerpräsident Menachem Begin heißt ihn in der Sitzung willkommen: »Ich grüße den Präsidenten von Ägypten anlässlich seines Besuches in unserem Land und seiner Teilnahme an dieser Knessetsitzung. Die Flugdauer von Kairo nach Jerusalem beträgt nur eine kurze Zeit, doch bis gestern Abend war die Distanz zwischen beiden Städten unendlich weit.«

Knapp zwei Jahre später kommt es zu dem spektakulären Friedensabkommen von Camp David. Wenn es um wichtige Daten für die Geschichtsbücher geht, zieht man sich immer auf den berühmten Landsitz der amerikanischen Präsidenten in Maryland zurück, um verwanzt, aber gemütlich die Details zu besprechen, die Kubakrise, den Vietnamkrieg, die Verhandlungen mit Chruschtschow, den Nahostkonflikt.

Auf der Nilfahrt im Rahmen des Schmidtschen Staatsbesuches blickt man also auf ein ereignisreiches Jahr zurück. Nicht nur in der Politik. Sepp Herberger, Charlie Chaplin und Elvis Presley sind gestorben, der Letztgenannte eventuell nicht. Die erste *Emma* erscheint und John Travolta verrenkt sich in *Saturday Night Fever*. Christo will den Reichstag verhüllen, darf aber noch nicht. Der Liter Benzin kostet 86 Pfennige. Und die Autofahrer wehren sich gegen die Gurtpflicht.

Dschihan as-Sadat kümmert sich fürsorglich um Loki Schmidt. Sie war gerade erst wieder auf den Beinen. »Wahrscheinlich war ich auch wegen des Klimawechsels völlig erschöpft oder hatte mir irgendetwas eingefangen. Jedenfalls verordnete mir Dr. Völpel, der uns begleitende Arzt, Bettruhe, versorgte mich mit Büchern und erklärte, er werde mich bei unserer Delegation krankmelden. Ich lag in einem riesigen Schlafzimmer des Palastes, einem richtigen Saal, und jedes Mal, wenn der Arzt zu mir kam, verbeugte er sich tief in der Tür wie vor einer Majestät«, erinnert sich Loki Schmidt in ihrem letzten Buch. Die Staatsgäste waren in Kairo im ehemaligen Palast von König Faruk untergebracht. Der Abdin-Palast zählt mit seinen 500 Zimmern und der einzigartigen Uhrensammlung, die meisten mit purem Gold verziert, zu den prächtigsten Palästen der Welt. Noch 1952 wurde er von as-Sadats Revolutionären belagert. Dann wurde aus dem Revolutionär ein Präsident, und dieser brachte seine Staatsgäste dort unter.

Der vormalige Inhaber, der gestürzte ägyptische König Faruk, hatte 1936 im jugendlichen Alter von 16 Jahren den ägyptischen Thron geerbt und und wurde von Nasser 1952 ins Exil nach Rom geschickt. Der korrupte Exkönig verbrachte die meiste Zeit in Nachtclubs, umgab sich mit kurvenreichen Frauen, ließ sich von den Paparazzi bereitwillig ablichten und ließ es mächtig krachen. Er war die Paris Hilton der fünfziger Jahre. Als er im Alter von 45 Jahren stirbt, hieß es, er sei geplatzt. Der Hotelier Wachtveitl erinnert sich: »Gegen fünf Uhr früh kam er mit drei, vier, fünf Damen zurück und bestellte zehn Hähnchen und aß sie alle auf.« Die letzte lebende Erinnerung an ihn war seine 270 Jahre alte Galapagos-Riesenschildkröte, die erst 2006 im Zoo von Kairo verstarb.

Womöglich wurde sie auch Loki Schmidt vorgestellt. Die Frau des Altbundeskanzlers war eine leidenschaftliche Naturschützerin und hatte auch schon einmal die Galapagosinseln bereist. Zum Schutz der Natur und der biologischen Vielfalt der Erde unternahm sie weite Reisen, schrieb Artikel und Bücher und rief diverse Stiftungen ins Leben. Die Kanzlergattin mit der berühmten Kurzhaarfrisur passte gut zu ihrer ägyptischen Gastgeberin. Dschihan as-Sadat nutzte ihre Position als Präsidentengattin, um sich für andere stark zu machen. Ihr Hauptanliegen ist die Rolle der Frau in der arabischen Welt. Sie gründete die »Afrikanisch-arabische Frauenliga« und griff in die Gesetzgebung ein, als es um das Sorgerecht für Scheidungskinder oder um die gerechte Verteilung der Alimente ging. »Dschihans Gesetze« wurden umgangssprachlich die neuen Rechte für die ägyptischen Frauen genannt. Ihr Buch *Ich bin eine Frau aus Ägypten* ist ein weltweit beachteter Bestseller geworden. Loki Schmidt erinnert sich: »Über Politik haben wir nicht geredet. Jehan Sadat, eine gebürtige Engländerin, wollte von mir etwas ganz anderes wissen: wie unser Schulsystem funktioniert. Ab wann gehen die Kinder in die Schule, und wie lange bleiben sie dort? Darüber hinaus fragte sie, was sie in ihrem Land tun könnte, um das Schulwesen zu fördern, besonders für die Frauen. Es war ja nicht überall üblich, dass auch Mädchen zur Schule gingen.«

Vier Jahre nach dem Besuch der Schmidts ist Dschihan as-Sadat Witwe. Bei einer Militärparade verübten Islamisten ein Attentat auf ihren Mann und erschossen den ihnen verhassten Friedensnobelpreisträger, der sich mit Israel ausgesöhnt hatte.

»Der Pharao ist tot«, schrien die fanatisierten Attentäter vor Begeisterung.

Jimmy Carter, Richard Nixon, Gerald Ford, François Mitterrand und viele andere Staatsmänner begleiteten den Trauerzug. Und natürlich sein Freund Helmut Schmidt.

Durch das Attentat, dem noch viele andere grausame Überfälle in ganz Ägypten folgten, sollte die »Islamische Volksrevolution« ausgelöst werden. Doch die Revolution fand nicht statt. Die Attentäter wurden hingerichtet, und as-Sadats Nachfolger Mubarak regierte Ägypten mit äußerster Härte und endlosen Bespitzelungen bis ins Jahr 2011.

Zwei Monate vor dem Attentat im Oktober 1981 wurde der ägyptische Präsident vor einem Attentat aus den eigenen Reihen gewarnt – von Menachem Begin.

Beim Staatsbesuch 1977 hätten Helmut Schmidt und Anwar as-Sadat immer wieder bis tief in die Nacht hinein philosophiert. »Die drei monotheistischen Religionen, Christentum, Judentum und Islam, haben eine gemeinsame Wurzel. Das Alte Testament, für die Juden die Thora, das Neue Testament und der Koran sprechen alle von dem einen und einzigen Gott«, schreibt Loki Schmidt in *Auf dem roten Teppich*.

Und dass man damals überall so viel rauchen konnte, wie man wollte.

Rudolf von Österreich

Wo: Ägypten und Palästina
Wann: Februar bis April 1881
Warum: Tiere totschießen

Wenn »der Bub« eine Reise unternimmt, wohlgemerkt allein, auf eigene Gefahr und ohne elterliche Behütung, schlägt die Stunde der Mama. Der Mutterinstinkt erkennt sofort die Gefahren, die in der Ferne drohen, und versucht schlimmstes Unheil zu verhindern. Also greift Mutter mit penetranter Fürsorge in die Vorbereitungen ein: Hast du genug frische Socken dabei? Nimm doch noch einen Pullover mit! Hast du was gegen die Sonne? Creme dich ein, aber nicht erst an den Pyramiden, sondern vor dem Frühstück, dann kann die Creme richtig einziehen. Den Kuchen hab ich in die Tupperdose gepackt, die ist ganz leicht. *Diese* Hose willst du mitnehmen? Nein, da schäm ich mich als deine Mutter. Trink nur abgekochtes Wasser, versprich mir, du nimmst keine Drogen …

In einem Gefühl zwischen hilfloser Wehrlosigkeit und unterdrückter Aggression schweigt der Bub oder sagt so etwas wie: »Ja, Mama. Ja. Ja.« Während die Mutter vor ihrem geistigen Auge den geliebten Sohn in einer armseligen ägyptischen Absteige, bekleidet mit dieser schrecklichen Hose, elend am Hungertod verenden sieht. Kurzum, wenn die Jungs in Urlaub fahren, nerven die Mütter.

Nicht alle. Als der Kronprinz Rudolf von Österreich von zu

Hause abfährt, macht sich seine Mama weniger Sorgen. Die Mutter Rudolfs ist die legendäre Sisi, Kaiserin von Österreich, und sie war weder dem Essen, man sagt ihr Magersucht nach, noch ihrem Sohn sonderlich zugetan, da sie durch den Tod ihrer erstgeborenen Tochter an einem Trauma litt. Womöglich hatte sie auch gar keine Zeit, in die Urlaubsvorbereitungen ihres Sohnes einzugreifen, weil sie gerade beim Turnen oder Reiten war oder ihre Haare gewaschen bekam. Ja, das Haarewaschen bei Sisi hat den gesamten Hofstaat lahmgelegt. Die Prozedur dauerte einen ganzen Tag und konnte aufgrund der immensen Logistik nur einmal im Monat durchgeführt werden. Dass die Wascherei einen kompletten Tag benötigte, wundert aber nicht, wenn man weiß, dass in das kaiserliche Haar kein normales Shampoo, sondern klebriges Eigelb einmassiert wurde. Außerdem war Rudolf schon oft in der Welt herumgereist und wird schon wiederkommen.

Rudolf von Österreich ist 23 Jahre alt, als er am 9. Februar 1881 in Wien aufbricht. Mit von der Partie sind ein Pfarrer, ein General und ein Maler, also alles, was ein junger Mann so braucht. In Triest geht es auf die kaiserliche Yacht »Miramare«. Es stürmt so arg, dass der Kapitän die Fahrt unterbrechen muss, sodass sie Alexandria erst am 18. Februar erreichen.

Ägypten war zu diesem Zeitpunkt ein Land in großen Schwierigkeiten. Das Land mit seinen fünf Millionen Einwohnern (so viel hat heute ein mittleres Stadtviertel in Kairo) war eine osmanische Provinz und hoch verschuldet. Um die drohende Pleite abzuwenden, hatte man sogar den Suezkanal an die Engländer verkauft. Der ägyptische Landesherr trug den Titel »Khedive« und hieß zur Zeit von Rudolfs Reise Tawfiq. Ohne mit dem späteren Mubarak verwandt zu sein, waren schon Tawfiqs Vater und Großvater Weltmeister in Korruption und Verschwendung. Dem Volk gefiel das gar nicht, und es kam immer wieder zu Aufständen. Also holte sich Tawfiq Hilfe in

Europa. Britische Truppen kamen ins Land, und bald herrschte wieder Ruhe. Doch schon ein paar Monate nach Rudolfs Abreise brach erneut eine blutige Revolution aus.

Die Ägyptenfahrt des Habsburgerprinzen hatte keine politischen Hintergründe. Jagen und pilgern wollte er, na ja, eigentlich lieber jagen als beten, obwohl er dem Schießen an sich gar nicht so zugetan war. Das hatte mit seiner Erziehung zu tun. Als einziger Sohn von Sisi und Kaiser Franz Joseph (es sind hier wohlgemerkt nicht Romy Schneider und Karlheinz Böhm gemeint, sondern die echten) galt es, ihn für die Thronfolge vorzubereiten. Als zukünftiger Kaiser bekommt ein Kind kein Bilderbuch oder bürgerliches Holzspielzeug, sondern eine militärische Ausbildung. Schließlich war Rudolf im Moment seiner Geburt schon Erzherzog, Oberst und Chef eines Infanterieregiments. Sein persönlicher Erzieher weckte das kaiserliche Kleinkind mit eiskalten Wassergüssen und gerne mit einem Schuss aus der Pistole. Neben unzähligen anderen Schreckensmethoden musste Rudolf als Sechsjähriger auch oft stundenlang im Schneesturm exerzieren, selbstverständlich in akkurat sitzender Uniform. Doch der Erziehungsplan der k. u. k.-Supernanny ging nicht auf. Aus dem Kronprinzen Rudolf wurde kein harter Militarist, sondern ein sensibler Prinz, der sich für die Natur interessierte.

Als anerkannter Vogelkundler schrieb er sogar für Brehms berühmtes *Tierleben* mehrere Artikel. Rudolf umgab sich gerne mit Wissenschaftlern, und so engagierte er als seinen Reiseleiter den Berliner Archäologen Heinrich Brugsch, der in ägyptische Dienste getreten war. Brugsch selbst war von der Aufgabe als Tourguide in Kaisers Diensten nur halbwegs begeistert, da er immer gerufen wurde, wenn Adelige in Ägypten unterwegs waren. Und es waren ständig Adelsgesellschaften in Ägypten unterwegs. Fürst von Pückler-Muskau, Kronprinz Friedrich Wilhelm von Preußen, Rudolfs Großvater Herzog Maximilian in Bayern, Rudolfs Vater Kaiser Franz Joseph I., der gesamte europäische Adel kam mit Kind und Kegel nach Ägypten, um auf dem Nil herumzusegeln oder die Altertümer zu bestaunen. Und natürlich wollten sie alle etwas Besonderes erleben. Regelmäßig holten die Kammerdiener den armen Brugsch aus seinem Professorenschlaf, weil wieder irgendein Blaublut genau um Mitternacht in die Gruft eines Pharao hinab- oder auf die Pyramide hinaufsteigen wollte. Es war die Zeit der letzten großen Kavalierstouren, so hießen die standesgemäßen Bildungsreisen der Prinzen und zukünftigen Throninhaber.

Sie wurden in die Welt hinausgeschickt, um fremde Sitten kennenzulernen und in der Ferne zu erkennen: Daheim ist es doch am schönsten.

Rudolf interessiert sich für die Natur. Im heutigen Verständnis versteht man unter dem wissenschaftlichen Erforschen von Vögeln stundenlanges Beobachten und regungslose Warterei. Dem jungen Adeligen ist das viel zu langweilig. Beobachten ja, aber dann muss es knallen. So sind auch Rudolfs Erinnerungen *Eine Orientreise* eher ein Jagdtagebuch als ein Reisebericht: »Alles mögliche Wild kam vorbei, einiges wurde erlegt; der Zug war lohnend und man brauchte von einem Schuß zum andern nur sehr kurze Zeit zu warten; auch Graufischer, jene vergrößerte, aber verschlechterte Auflage unseres Eisvogels, wurden erbeutet, leider kein Pelikan.«

Die Zeiten ändern sich. Wir erhaschen heute beim abendlichen Spaziergang in Ägypten höchstens unbrauchbare Souvenirs, Rudolf von Österreich machte richtig fette Beute: »Ich unternahm gegen Abend einen Rundgang um die ganze Küste herum, erlegte hierbei einen schönen Berberfalk und einige Strandvögel sowie einen Kolkraben.« Manchmal blieb von der wissenschaftlichen Neugier rein gar nichts mehr übrig: »Im Ganzen konnten wir mit dem Resultat unserer kaum viereinhalbtägigen Jagdexkursion in der Oase Fajum zufrieden sein:

2 Luchse, 7 Wölfe, 2 Ichneumone, 2 Wüstenhasen, 4 Pelikane, 2 Fischadler, 1 Aasgeier, 1 afrikanischer Adlerbussard und 172 kleinere Stücke.«

Als die Reisegesellschaft Ägypten leergeschossen hatte und zur Pilgerfahrt nach Palästina übersetzte, wurden zwar die Heiligen Stätten besucht, aber die Schießerei auf alles, was da kreucht und fleucht, hatte Vorrang.

Drei Jahre nach der Ägyptenreise erscheint im Jahr 1884 das Buch dazu. Der kaiserliche Name des Autors und die Illustrationen des Franz von Pausinger, die als Holzschnitte beigefügt sind, machen das Buch schnell zu einem Bestseller. Im Schreiben ist der Kronprinz geübt. Von seinen unzähligen Reisen bringt er umfangreiche Berichte mit, die er teilweise unter fremdem Namen veröffentlichen lässt. Er hat die Idee zu einem Lexikon über die österreichisch-ungarische Monarchie, das unter dem Spitznamen *Kronprinzenwerk* bekannt wird. In 24 Bänden mit über 12 000 Seiten und über 4000 Holzschnitten beschreiben hunderte von Autoren und Rudolf selbst die Völker und Sitten des großen Habsburgerreiches.

Zu dem mächtigen Band über die Ägyptenreise wird Rudolf sicherlich durch seinen bayerischen Großvater Herzog Max angeregt worden sein, der schon 1838 ein bebildertes Buch über seine eigene Ägyptenfahrt veröffentlichen ließ. Herzog Max spielte Zither, schrieb Dramen und veröffentlichte vieles anonym. Von ihm hatte Rudolf die künstlerische Ader geerbt – und die Jagdleidenschaft.

Das Haus Habsburg wird heute automatisch mit Österreich in Verbindung gebracht, wobei meistens unerwähnt bleibt, dass das Stammland der Habsburger eigentlich das Elsass ist. Rund um Basel herrschten im Mittelalter mächtige Herren vom Bodensee bis zum Oberrheintal. Aus dieser Gegend stammt auch ein Rudolf von Habsburg, der im Jahr 1273 zum deutschen

König gewählt wird. 600 Jahre später trägt ein Nachkomme in Wien seinen Namen.

Sisis Sohn, Rudolf von Österreich, wird mit seiner Cousine verheiratet, die er mit Gonorrhö ansteckt, worauf sie keine Kinder mehr bekommen kann. Im Rotlichtmilieu kennt sich Rudolf aus, mit der Ehe weniger. Es ist überhaupt ein verkorkstes Leben. Und zwar so sehr, dass es dem Kronprinzen nicht mehr lebenswert erscheint. Er will sich umbringen. Der Edelprostituierten Mizzi schlägt er vor, gemeinsam aus dem Leben zu scheiden. Diese findet aber inzwischen das Leben inmitten der reichlichen Zuwendungen des künftigen Kaisers gar nicht mehr so schlimm und lehnt ab, vorzeitig den Löffel abzugeben. Doch Rudolf findet eine andere Lebensmüde, die Baronesse Mary von Vetsera. In Schloss Mayerling werden beide am 30. Januar 1889 tot aufgefunden. Selbstmord ist an der erzkatholischen Wiener Hofburg nicht vorgesehen, so wird Rudolf für gestört erklärt und bekommt »a anständige Leich'«, wie es heißt. Die Vorgänge in jener geheimnisvollen Nacht füllen ganze Bände von Verschwörungstheorien. Das Tatwerkzeug soll sich im Besitz von Otto von Habsburg befunden haben.

Das Leben am Wiener Hof hat Kronprinz Rudolf nicht bewältigt. Man benutzte ihn in der Funktion des Thronfolgers, doch niemand interessierte sich für ihn als Mensch. Als er sein prächtiges Buch über die Ägyptenreise fertig hatte, präsentierte er es sogleich stolz seinem Vater. Rudolf war gerade 26 Jahre alt. Kaiser Franz Joseph, der ja selbst von Ägypten begeistert zurückgekehrt war, soll es sogleich von sich weggeschoben haben mit den Worten: »Interessiert mi net.«

Heini Schnell: Marathonläufer

Wann: Jedes Frühjahr
Wo: Totes Meer
Warum: »Dead Sea Ultra Marathon«

Laufen ist gesund. Jeder Orthopäde wird bestätigen, dass wir uns zu wenig bewegen. Aber es ist wie immer: Wenn wir loslegen, übertreiben wir. Es genügt uns nicht, eine halbe Stunde pro Tag im Park nebenan frische Luft zu tanken. Ein Marathon muss her. Und natürlich nicht irgend so ein Marathon, der inzwischen in jedem Kuhdorf abgehalten wird, damit die örtliche Freiwillige Feuerwehr üben kann, wie man kurzerhand ganze Landkreise von der Außenwelt abriegelt. Aber die Teilnahme am Marathon in Lüdenscheid oder Bayrischzell ist für den sportlichen Nachruhm eine matte Sache. Daher läuft der ehrgeizige Hobbysportler, wir nennen ihn der Diskretion halber Heini Schnell, seine 40 Kilometer durch die Sahara oder ums Tote Meer.

Genau genommen beträgt die olympische Strecke 42,195 Kilometer und soll die Entfernung symbolisieren, die ein Bote von dem griechischen Flecken Marathon nach Athen gespurtet ist. Es ist 490 vor Christus, und die Perser treffen sich zum Kampf mit den Athenern. Athen gewinnt, die Siegesnachricht soll sofort überbracht werden, der Bote läuft los und bricht nach erfolgter Meldung tot zusammen. Das allein sollte allen Pedestrianisten, wie die Läufer vor 100 Jahren noch hießen,

Abschreckung genug sein. Eine Aktion, bei der der Erfinder qualvoll verstorben ist, mit Begeisterung nachzuahmen, ist so unsinnig wie unbegreiflich. Hätte der griechische Bote Auto, Motorrad oder ICE zur Verfügung gehabt, nie wäre er auf den Gedanken gekommen, bei 40 Grad im Schatten mit durchgelatschten Schlappen die Strecke nach Athen zu laufen.

Die Wüstenmarathons sind ausgebucht. Während ein Profiläufer höchstens zwei Marathons im Jahr absolviert, um seinen Körper nicht zu schädigen, läuft Heini Schnell, was der Geldbeutel hergibt. Neben den internationalen Stadtmarathons, die es von Rom über Hongkong bis nach New York gibt, stehen die Extrem-Marathons hoch im Kurs. Der Nordpol-Marathon bei 30 Grad minus, der Unter-Tage-Marathon in einem verlassenen Bergwerksschacht (inklusive Helmpflicht) bei 30 Grad plus. Nicht zu vergessen der Everest-Marathon und der Ötzi-Marathon. Und weil Besessene auch manchmal Kinder haben, wird beim Sahara-Marathon neben der Volldistanz noch ein »Children Race« angeboten. Man kennt das von IKEA: Wo der Wahnsinn tobt, gibt es auch ein Kinderparadies.

Die Startgelder schrauben sich bis zu 20 000 Euro in die Höhe, aber wer mitläuft, läuft meistens für einen guten Zweck. Schließlich wird die eigene physische Gesundheit durch die endlose Lauferei so beeinträchtigt, dass man später ohnehin auch in eine Gruppe Pflegebedürftiger fällt.

Längst gibt es Reiseveranstalter, die sich dem Sportlertourismus verschrieben haben. Dort bucht Heini Schnell. Im Frühjahr geht es zum »Dead Sea Ultra Marathon« nach Amman, der Hauptstadt Jordaniens. »Ultra« deswegen, weil man anstatt der Originaldistanz gleich volle 50 Kilometer laufen muss. Schließlich soll der Zieleinlauf auch im Mövenpick-Hotel stattfinden und nicht an irgendeiner staubigen Wüstenkreuzung, bloß weil man pedantisch genau die historische Entfernung einhalten will.

Jordanien ist ein Königreich britischer Prägung. Da es traditionsgemäß in arabischen Königsgeschlechtern von Prinzen nur so wimmelt, findet man jedes Jahr einen würdigen monarchischen Vertreter, der den Startschuss gibt.

Wer in unvorstellbarer Hitze durch den Sand laufen möchte, könnte das zwar auch im Juli in Rimini machen, aber das Besondere an der jordanischen Strecke ist das Ziel: das Tote Meer. Nur hier kann Heini Schnell zum tiefsten Punkt der Erde laufen. Damit die ersten Läufer nicht schon nach dem ersten Abendessen mit Brechdurchfall ausscheiden, gibt es nach der Ankunft im Sternehotel keine jordanische Kost, sondern bekömmliches Schnitzel oder Pasta. Heini Schnell wird am nächsten Tag geweckt, es ist 3 Uhr früh. Er schmeißt sich in seine weltraumgetesteten, mikrofasergeflochtenen, windabweisenden, schweißdurchlässigen Weltbürgerlaufshirts und schlüpft in seine bereits beim Kalaharimarathon erprobten Stinkeschuhe mit Luftpolsterfersenschaumdings. Er steigt, das hat er sich von Profis abgeschaut, in einen blauen Müllsack, in den er sich zu Hause schon Löcher für Arme und Beine geschnitten hat. Das soll gut sein gegen Auskühlung vor dem Start. Hoheit schießt, und los geht es. Der Müllsack muss leider als Plastikabfall zurückbleiben. Für die ersten 20 Sekunden ist Heini Schnell noch ergriffen von dem Gefühl, auf historischem Boden zu laufen. Hethiterkönige und Pharaonen zogen hier durch, Jesus und Johannes der Täufer waren in der Nähe, Arafat schmiedete hier Kriegspläne. Doch sehr, sehr bald geht es im Läuferhirn um Pulsfrequenz, Zuckerhaushalt und heruntergeschwitzte Sonnencreme. Im Gegensatz zu Manhattan, wo die New Yorker UNO zwischen Bronx und Brooklynbridge ständig isotonische Getränke am Straßenrand anbietet, winken hier nur barfüßige Fünfjährige, schaut eine jordanische Oma verständnislos, und bei Kilometer 14 kackt ein Esel neben den Weg. Das ist ja das Schöne!

Heini Schnell ist von sich und dem Erlebnis überwältigt. Ein paar Laufstunden später erreichen die Läufer das Ziel Totes Meer. Die Hoheit im weißen Umhang klatscht, überreicht die Urkunden, und am Abend gibt es, damit die Teilnehmer neben dem unvermeidlichen Wadlschmerz nicht auch noch von Brechdurchfall beeinträchtigt werden, wieder keine jordanische Kost, sondern wieder Schnitzel und Pasta. Die kulturellen Ausflugsangebote sind einzigartig und im Preis inbegriffen. Das antike Petra, die Wüste im Wadi Rum, das berühmte Aqaba. Heini Schnell fährt nicht mit, er kuriert sich am Pool und lässt sich im Toten Meer schwimmend mit einer Zeitung in der Hand digital knipsen.

Die Urkunde mit den arabischen Schriftzeichen könnte im Koffer Knicke erleiden und wird auf dem Heimflug offen transportiert. Dieses »Dead Sea Ultra Marathon Certificate« wird am heimischen Flughafen Stuttgart/Berlin/München den unsportlich zurückgebliebenen Abholern als Siegestrophäe fröhlich entgegengewunken.

Aber dann beginnt erst der eigentliche Marathon. Heini Schnell muss die Bilder auf den PC überspielen und dann bearbeiten. Bevor die Urkunde im Wechselrahmen im Hausflur aufgehängt werden kann, wird sie noch gescannt, kalibriert, zentriert und formatiert.

Dazu kleine Tagebuchtexte. Das alles geht entweder gleich auf die eigene Marathon-Homepage oder in das Marathon-Forum, auf dem die Laufzeiten verglichen und ausgetauscht werden. Heini Schnell holt sich Tipps und Termine zu seiner nächsten Laufreise, und die jordanische Laufzeit wird ein bisschen geschönt, da das arabische Gekritzel auf der Urkunde sowieso niemand entziffern kann.

Leider geht es beim Laufen immer um die schnellste Zeit. So geriet der japanische Läufer völlig in Vergessenheit, der im Jahr 1912 in Schweden den langsamsten Marathon aller Zeiten gelaufen war. Über 54 Jahre hat er für die 40 Kilometer gebraucht. Er war nämlich kurz vor Erreichen des Ziels vor

Erschöpfung am Straßenrand eingeschlafen und hat das Ende des Wettbewerbs verpennt. Erst im hohen Alter kehrte er an die Stelle seines Nickerchens zurück und lief die Strecke zu Ende. Bei dieser Gelegenheit, sagt man, hat er sich dann auch das Land angeschaut – und mit Menschen gesprochen.

Erich von Däniken

Wo: Ägypten
Wann: immer wieder
Warum: reich werden mit Außerirdischen

Warum beschäftigen wir uns ständig mit der grauen Realität, wenn es doch so wunderbare Verschwörungstheorien gibt? Die Todesumstände von Marilyn Monroe, Elvis Presley, John F. Kennedy und des bayerischen Königs Ludwig II. sind nur noch für rationale Denker geheimnisvoll und ungelöst. Die Verschwörungstheoretiker wissen längst Bescheid, wie es wirklich war. Die Lenker der Welt sind durchschaut! Es ist nämlich in Wahrheit so: Die durch das Nazigold finanzierten Illuminaten beherrschen die Erde, das World Trade Center hat der CIA gesprengt, die Zahlen auf der Dollarnote sind der Geheimcode einer Satansgruppe, und als im Jahr 1947 außerirdischen UFO-Lenkern über der Wüste das Benzin ausgeht, machen sie im amerikanischen Stützpunkt Roswell eine Notlandung, wo sie heute noch in riesigen Marmeladengläsern leben, die mit einer Flüssigkeit gefüllt sind, die sie gefügig macht, wahrscheinlich Bier.

Und wer nicht von Außerirdischen abstammt, den unterziehen grausige Lebewesen, die in Erdhöhlen leben, einer furchtbaren Gehirnwäsche. Der Heilige Gral ist auch gefunden, und wenn der heimische Fußballverein verliert, waren düstere Mächte am Werk.

Erich von Däniken ist kein Anhänger von Verschwörungstheorien, er macht sie. Seine Theorien haben über die Jahrzehnte hinweg viele Millionen Anhänger gefunden. Seine Phantasien sind einfach und schlicht und lenken ab von den komplexen Verwicklungen des Weltgeschehens. Däniken behauptet, dass in düsterer Urzeit Außerirdische auf der Erde landeten. Alle menschliche Kultur stamme von ihnen ab, und das menschliche Wesen selbst sei nichts anderes als eine Hinterlassenschaft der durch das Universum düsenden grünen Männchen. Dafür hat er Beweise, sagt er. Und wer sich dem verschließt, ist entweder ein Ignorant oder ein Illuminat. Besorgten Fans, die ihn auf seiner Homepage um Antwort über das Datum der Außerirdischenlandung bitten, schreibt er: »Stellen Sie sich drei unterschiedlich große Zahnräder vor und ziehen Sie eine rote Linie über alle drei Zahnräder. Dies in der Ruhestellung. Dann lassen Sie die Zahnräder laufen. Wie lange wird es dauern, bis der rote Strich auf allen drei Zahnrädern wieder in einer Linie liegt? Heraus kommen 5136 Jahre, bis alle Maya-Zahnräder auslaufen. Und exakt dann – so überliefern die Maya – würden die Götter von ihrer langen Reise wieder auf die Erde zurückkehren. Die Umrechnung ergibt den 21. Dezember 2012. Was aber, wenn unsere Umrechnung falsch ist? Wenn unser eigener Kalender nicht stimmt? […] Für mich als Spezialist der Materie steht fest, dass die sogenannten Götter, die Außerirdischen, die vor Jahrtausenden die Erde besuchten, wieder kommen werden. […] Nur wann dies sein wird steht in den Sternen. Es kann 2012 sein – muss aber nicht.« Präziser geht es nicht.

Erich Anton Paul von Däniken wurde 1935 in der Schweiz geboren, seine unzähligen Bücher haben inzwischen eine Auflage von weit über 60 Millionen erreicht. Er lernte in der Gastronomie und hatte damit sogar Erfolg: Hotelfachlehrling, Kellner, Geschäftsführer, Hotelbesitzer. In seiner Lehrzeit reist er zum ersten Mal nach Ägypten, ist beeindruckt, grübelt, liest, macht sich eigene Gedanken. Die Gastronomie ist der ideale Nährboden für den UFO-Spleen. Untertassen fliegen in der Küche durch die Luft, Gäste benehmen sich außerirdisch, und wenn aus den Hotelzimmern wieder Aschenbecher und Bademäntel verschwunden sind, waren das nicht kriminelle Urlauber, sondern kleptomanische Außerirdische.

Im Jahr 1968 gehen weltweit die jungen Menschen auf die Straße, wechseln mit Lust und Laune ihre Sexualpartner, diskutieren und haben Spaß. Erich von Däniken schreibt ein Buch. Sein Erstlingswerk *Erinnerungen an die Zukunft* wird ein Bestseller. Daraufhin wird er festgenommen. Es sei ein Plagiat, in weiten Teilen abgeschrieben, die wissenschaftlichen Quellen habe er verdreht und verfälscht, die Fotos manipuliert. Däniken kann gelassen an die Sache herangehen, das Buch wird in dem Moment bereits verfilmt und gleich darauf für den Oscar vorgeschlagen. Heute ist das Erich-von-Däniken-Imperium ein undurchschaubares Gewirr von Unterfirmen, Verlagen, DVD-Produktionen, facebook- und twitter-Vernetzungen, Vertriebskonsortien und Hotelbesitzungen.

Früher durfte man mit dabei sein, wenn der »Spezialist« zu seinen Forschungsreisen aufbrach. Wer 5000 Euro hinblätterte, reiste mit Däniken zwei Wochen an den Nil und wurde eingeweiht in die Geheimnisse der *wahren* ägyptischen Geschichte.

Jedem Ägyptenreisenden ist der Totengott Osiris ein Begriff, aber wer weiß schon, dass der Gott gar kein richtiger Gott ist, sondern in Wahrheit ein Raumschiffkapitän? Osiris ist der Captain Kirk vom Nil. Wer sich die Bilder in den Tempeln genau ansieht, weiß warum, seine Hautfarbe ist: grün!

Wer weder genügend Zeit noch das nötige Kleingeld hat, EvD (so wird Erich von Däniken liebevoll von seinen Fans genannt) nach Ägypten zu begleiten, kann sich die DVD bestellen. »Dann betreten die Zuschauer alle Pyramiden, klettern hinunter in die unvollendete Grabkammer, steigen in die große Galerie, in die Königinnen- und Königskammer und erleben in gestochen scharfen Bildern technische Wunderwerke, die es zu Cheops Zeiten nicht gegeben haben darf. In einer atemberaubenden Animation widerlegt EvD die bisherigen Pyramidentheorien und entführt den Betrachter in geheime Schächte in und um die Pyramiden. Schächte, die es eigentlich nicht geben dürfte. Im alten Ägypten stimmt etwas nicht – und keiner redet darüber. […] Hier spricht ein Mann aus, was andere nicht einmal zu denken wagen.« Und zwar Folgendes: Die Ägypter hatten Strom. Diese Theorie ist plausibel. Da kamen die grünen Männchen aus einem fernen Sonnensystem mit ihren aufgedonnerten Maschinen herangeflitzt und finden dann ein paar Menschen vor, die gerade einmal das Feuermachen im Griff hatten. Also die Verlängerungsschnur aus dem Raumschiff herausgeholt und den Elektrogrill angeschmissen!

Und weil Handwerken auch Außerirdischen Spaß macht, haben sie gleich einen ganzen Flugplatz angelegt, also die Pyramiden, und mit dem Rasenmäher in Europa ein paar Kornkreise gezogen. Und beim Ausflug nach Mittelamerika haben sie den Mayas gezeigt, wie man den Funkverkehr aufrechterhält. Die Deppen haben das nicht kapiert und in ihren Darstellungen den Außerirdischen nur Federn an den Kopf gemalt. Dann wurde es dem Besuch offenbar bei uns langweilig, und es hieß wieder: »Beam me up, Cheops!«

Wann genau sie wiederkommen, weiß auch EvD nicht.

Wie ganz normale Touristen hat auch der Besuch aus dem All seinen Dreck liegen lassen. Unbenutze Sarkophage, die in der ägyptischen Wüste herumstehen, sind natürlich in Wahrheit keine Sarkophage, sondern ausrangierte Kleiderkoffer, vielleicht auch nur Getränkekisten für den Außerirdischen-Prosecco. Und weil es kein recyclebares Pfandprodukt war, steht es heute noch bei uns in der Gegend herum.

Als Gastgeber waren wir aber anscheinend nicht schlecht.

Auch Däniken weiß nichts über massive Beanstandungen hinterher oder gar Reisekostenrückerstattungsprozesse. Bei der Geschwindigkeit, mit der die Reiseunternehmen die Beschwerden unserer Urlaube bearbeiten, müssten sich die Verhandlungen ja bis in die Gegenwart hingezogen haben. Aber irgendetwas hat ihnen doch nicht gefallen. Bis heute lassen sich die grünen Jungs und Mädels nicht mehr blicken.

Däniken hat eine Erklärung parat. Wir waren nämlich gar kein Urlaubsparadies, sondern nur ein Vorratslager für die Gene der Außerirdischen. Eine Art Speicherkeller. Aus Angst auszusterben, seien sie hier gelandet und hätten sich mit den Menschen vereinigt. So seien in den Religionen die immer wiederkehrenden Geschichten über die Liebeleien zwischen Göttern und Menschen entstanden. Die Mumifizierung sei erfunden worden, um das außerirdische Genmaterial für längere Zeit aufzubewahren.

Wir sind also nicht die Schöpfung Gottes, sondern Gerümpelkammer. Da darf man schon Angst haben vor dem nächsten Besuch eines Außerirdischen. Das ist dann nämlich derjenige, den die anderen in den Keller geschickt haben, um endlich aufzuräumen, während sie selbst woanders die große Sause machen.

Also Vorsicht! Gehen Sie dem Außerirdischen tunlichst aus dem Weg: Er hat sicher eine ganz, ganz miese Laune.

Karl May

Und es ist wirklich wahr, Sidi, dass du ein Giaur bleiben willst, ein Ungläubiger, welcher verächtlicher ist als ein Hund, widerlicher als eine Ratte, die nur Verfaultes frißt?« Spätestens hier bräche ein Sturm der Entrüstung los. Ach was, ein Buch mit diesen Zeilen wäre in unseren Tagen nie erschienen, hätte heute nie erscheinen dürfen, der Autor wäre bedroht, bespuckt, für verrückt erklärt worden. Zwischen Dänemark und dem Oman hätte sich die vereinigte Klasse der sogenannten Vernünftigen erhoben, und die Fürsprecher der Moslems hätten sich empört, wie billig hier Klischees verbreitet würden, und man wisse doch, was davon im Westen hängen bliebe: Alle Araber sind Islamisten. Und die Anwälte westlich-christlicher Werte hätten sich in den Feuilletons ihrer Zeitungen aufgeregt, auf welch abscheuliche Weise hier offenbar ein Christ von einem Moslem, man könne sagen: auf unterstem Niveau beleidigt worden wäre. Wut, Entrüstung, Zorn und anschließend im Fernsehen ein Brennpunkt, ein Blickpunkt und endlose Diskussionen bei Maischberger, Kerner & Co.

Doch zum Glück gab es auch entspanntere Zeiten zwischen »dem« Islam und »dem« Westen. Als 1892 der erste Band von *Carl May's Gesammelte Reiseromane* erscheint, nimmt kei-

79

ner daran Anstoß. Mit den erwähnten Zeilen beginnen die sechsteiligen Orientabenteuer von Kara Ben Nemsi. Und jedem Kenner zaubern diese Worte ein freudiges Lächeln auf die Lippen, denn er weiß ja, wer hinter dieser Schimpftirade gegen »die Giaur« steckt: Hadschi Halef Omar Ben Hadschi Abul Abbas Ibn Hadschi Dawud al Gossarah!

Auf den ersten Seiten des Bandes *Durch die Wüste* erfährt der Leser mehr über Araber und Islam als in drei Jahren *heute*-Nachrichten und *Tagesschau* zusammen. Natürlich zugespitzt und für den erwachsenen Weltbürger wahrscheinlich zu wenig dialektisch aufbereitet. Egal. Denn Karl May vermittelt das Gefühl, dass es in der unbekannten Welt draußen viel Fremdes und Merkwürdiges gibt, das aber trotz aller Verschiedenheit seine Berechtigung hat. Im Gegenteil: Halef und Kara, Muslim und Christ, werden Freunde fürs Leben. Und Halef hat man lieb, spätestens wenn man sich an Ralf Wolter in der Rolle des quirligen Muslims erinnert, ausgestattet mit viel zu großem Turban, viel zu großer Pistole, viel zu großem Mundwerk. Nach *Winnetou,* 1964, wurden nämlich auch Teile der Orienterzählungen von Karl May verfilmt. Alle Publikumslieblinge aus dem Wilden Westen tauchen in *Der Schut* auf, Lex Barker, Marie Versini, Chris Howland. Pierre Brice nicht, dem war wahrscheinlich seine Apachenperücke am Kopf festgewachsen.

Wenn es um Karl May geht, stellt sich immer wieder dieselbe Frage: War er oder war er nicht – an den Schauplätzen seiner Abenteuer? War er jemals in Amerika? Haben seine Schuhe jemals Wüstensand berührt? Ja! Er war da!

Allerdings lange nachdem er seine Geschichten geschrieben hatte. Sogar die Presse berichtete davon. Am 17. Mai 1899 erscheint in der *Pfälzer Zeitung* eine Notiz: »Die Leser und Verehrer des berühmten Reiseschriftstellers Karl May wird die Nachricht interessieren, dass er eben unterwegs ist, um seinen

Halef in Arabien zu besuchen.« Karl May war tatsächlich auf dem Weg nach Arabien. Als er am 9. April 1899 in dem ägyptischen Hafen Port Said von Bord ging, betrat er zum ersten Mal in seinem Leben ein Land außerhalb von Europa. May ist 57 Jahre alt und längst ein prominenter Schriftsteller, doch ein Beduine namens Halef wartet nirgends auf ihn. Im Gegenteil, für teures Geld muss er einen fremden Mann anheuern. Auf Freundschaft, gar Blutsbrüderschaft, mit dem Einheimischen, wie es sein Old Shatterhand oder Kara Ben Nemsi praktiziert haben, lässt sich der Reisende aus Sachsen erst gar nicht ein, er schließt einen »Dienst-Vertrag«:

»Zwischen dem Reisenden Herrn Dr. Karl May aus Dresden und dem andern Contrahenten Sejd Hassan aus Kairo ist heute folgender Dienstvertrag abgeschlossen worden.

§ 1. Herr Dr. Karl May engagirt Sejd Hassan zu und während der jetzt von ihm anzutretenden Reise als Diener. § 2. Sejd Hassan hat Herrn May zu begleiten, wohin es diesem beliebt, ihm vor allen Dingen Gehorsam, Treue und Ehrlichkeit zu erweisen und sich der Ausführung keines Befehls zu weigern. Er erhält dafür eine Gage von 5 Mark pro Tag.«

Karl May kann es sich leisten. Die finanzielle Sicherheit erreichte er aber erst sehr spät in seinem Leben. Er wurde am 25. Februar 1842 im sächsischen Erzgebirge geboren, es gab 13 Geschwister, die meisten starben noch im Kindesalter. Sein Vater war ein sogenannter Heimweber, ein aussterbender Beruf. Die Weberei war von vorgestern, jetzt drehte die Industrie mächtig auf, es ging um Stahl, Kohle, Eisen, Erz. Karl May erlebte den Hunger am eigenen Leib, in der nahen Mühle erbettelte er als Kind »Spelzenabfall« und »Beutelstaub«, Zutaten, aus denen kein normaler Mensch ein vernünftiges Essen zubereiten könnte. Mays Familie ernährte sich davon.

Er verdiente sich ein winziges Zubrot, indem er in einer Kegelbahn die geworfenen Kegel wieder aufstellte. Wenn die Gäste ausblieben, vertiefte er sich in die Schundliteratur des

Gastwirts. Abenteuergeschichten, Räuberbanden, Jugend-
phantasien.

Wegen Diebstahl, Betrug und Hochstapelei saß er in der
Folge mehrmals im Zuchthaus, entfloh, wurde steckbrief-
lich gesucht, wieder eingefangen. Schon während dieser Zeit
schrieb und verkaufte er Geschichten, oft dieselbe Geschichte unter verschiedenen Namen, sodass er sie mehrfach ver-
hökern konnte. Mit den uns heute geläufigen Reiseerzählun-
gen kam der Durchbruch. In Radebeul bei Dresden baute er
sich eine Villa, und der Büchsenmacher aus dem nahe gelege-
nen Kötzschenbroda bastelte ihm die berühmten Gewehre Old
Shatterhands, den »Bärentöter« und den »Henry Stutzen«. Er
identifizierte sich mehr und mehr mit seinen erfundenen Helden. Bewunderer kamen, lauschten seinen Geschichten und
ließen sich mit ihm in Wildwest- oder Orientkostümen fotografieren.

Natürlich log er das Publikum an. Aber solange die Geschichte
spannend war, ließ sich der Leser bereitwillig anschwindeln.
Ähnlich wie bei Haarwuchsmitteln. Heute hieße das ganz einfach »Imagekampagne«, und die größten Werbeagenturen des
Landes würden sich um ihn reißen. Dr. Karl May schreibt aus
Ägypten an die schon erwähnte *Pfälzer Zeitung:* »Ich gehe
jetzt nach dem Sudan. Die Engländer dulden das nicht, darum reite ich als Kara Ben Nemsi meine alten Karawanenwe-
ge. Dann will ich über Mekka nach Arabien zu Hadschi Halef
und mit ihm durch Persien und Indien. Sie sehen, dass meine
Bücher nicht in einer Studirstube entstehen.« Den Artikel un-
terschreibt er mit Kara Ben Nemsi.

Aus Ägypten schickt er seiner Frau Emma Stoffe, aus denen sie
für sich und zwei Freundinnen Kleider machen solle. Die Damen sind gerade zum Scherzen aufgelegt, umhüllen sich mit
dem hellen Flatter von Kopf bis Fuß, nur ein kleiner Schlitz

für die Augen bleibt offen. Maskeraden gehören in der »Villa Shatterhand« zum Alltag, so lässt sich das Trio in der orientalischen Aufmachung fotografieren, und die Aufnahme schicken sie anschließend an Karl: »Dein Harem in Gedanken bei dir.« Zwei Jahre später wird er sich von seiner Frau scheiden lassen und eine andere Dame auf dem Bild ehelichen, die jüngere.

Ein dreiviertel Jahr reist Karl May mit seinem Diener, der ihm schließlich doch zum unschätzbaren Freund werden wird, im Orient hin und her. Bis nach Sumatra kommen die beiden. Während der Reise erleidet er zweimal einen Nervenzusammenbruch, einmal derart dramatisch, dass zu befürchten ist, dass er in eine Irrenanstalt eingeliefert werden muss. Doch er fängt sich wieder. Um seine Leser nicht zu enttäuschen, besucht er natürlich ein Beduinenlager und reitet also zu den »Bischari«. Nach Mays Angaben lagerten sie angeblich sechs Reitstunden vom nubischen Schellal entfernt. Das kann wohl sein, doch May verschweigt, dass man nicht von Schellal auf verwehten Karawanenspuren dorthin reiten musste, sondern aus Assuan in wenigen Minuten zu Fuß schlendern konnte, auf ausgetretenen Touristenpfaden.

Statt einer Einladung eines arabischen Stammes folgt May der Aufforderung des deutschen Attachés in Kairo, Max Freiherr von Oppenheim, doch einmal auf ein Plauderstündchen vorbeizuschauen. Der Mann ist berühmt, er gilt als namhafter Orientalist und Archäologe, hat die bedeutende assyrische Siedlung Tell Halaf gefunden und ausgegraben, wird heute noch als der deutsche Gegenspieler von Lawrence von Arabien angesehen und stellt sich später dienstbeflissen in den Dienst der Nazis. Sicher haben May und Oppenheim über die in Bau befindliche Eisenbahnverbindung von Berlin an den Persischen Golf gesprochen. Doch über die Menschen, die entlang der Strecke leben, hat der Freiherr seine ganz eigene Meinung: »Wenn nun die einzelnen Menschenrassen des Bagdadbahngebietes in kultureller Beziehung fraglos weniger wertvoll sind als das amerikanische Volk, ist doch jede einzelne derselben weit besser als der amerikanische Neger, gar nicht zu reden vom Indianer.« Karl May hat darüber anders gedacht.

Was Karl May auf seiner Arabienfahrt erlebt, hat nicht das Geringste mit dem zu tun, was er für Kara Ben Nemsi erfunden hat. Die touristische Realität frustriert ihn zutiefst. Das sächsisch-ägyptische Duo reist weiter nach Beirut, das Heilige Land steht auf dem Reiseplan. Doch sie dürfen nicht von Bord des Schiffes, wegen der Pestgefahr müssen sie zwei Wochen in Quarantäne bleiben. Danach besichtigen sie Jerusalem und bleiben dabei immer brav auf der Pilgerroute.

Aus Aden im Jemen schreibt er im September 1899 an ein befreundetes Ehepaar: »Es haben mich viele auf dem Schiff lieb gewonnen, obgleich ich jetzt das gerade Gegenteil vom früheren Karl bin.«

Nach seiner ersten Begegnung mit dem Orient ändert er zu Hause seine Art zu schreiben. Das banale Erzählen ist ihm zuwider, er schreibt Lyrik und Predigten, Tiefsinniges und Erbauliches. Hinzu kommen Gerichtsprozesse und reichlich Ärger mit seinen Neidern. Die kritischen Stimmen mehren sich, was er sich einbilde, er habe sein Publikum in die Irre geführt, seine Literatur sei Schund, und außerdem verführe er die Jugend zu einem liederlichen Lebenswandel. Solche und ähnliche Bösartigkeiten nehmen kein Ende mehr. Seine »Glaubwürdigkeit« wird gerichtlich in Frage gestellt, er sei »eidesunwürdig«. Karl May lässt verbreiten, er plane, in die Vereinigten Staaten auszuwandern, zu »seinen Freunden«.

In einem seiner Spätwerke wendet sich Karl May ab von Kara Ben Nemsi. Er schreibt über den schon zu Lebzeiten legendären bayerischen König Ludwig II. Der klamme Komponist Richard Wagner, ein sächsischer Landsmann Karl Mays, kommt als enger Wegbegleiter seines königlichen Sponsors natürlich auch darin vor. Die wilden Spekulationen um den Tod des Märchenkönigs bieten eine wunderbare Vorlage für den Winnetou-Erfinder May.

Einer der wenigen überlieferten Aussprüche des »Kinis«, wie man in Bayern heute noch zu ihm sagt, passt auch gut auf den einst meistgelesenen deutschen Schriftsteller Karl May: »Ein ewig Rätsel will ich bleiben mir und anderen.«

Anton Spitaler

Wo: Maalula, Syrien
Wann: 1955
Warum: Dialektforschung, wer's glaubt

Es ist der Stoff, aus dem Krimis sind. Am Anfang sind zwei Professoren tot. Ein dritter verrät kurz vor seinem Tod ein Geheimnis, das er ein Leben lang für sich bewahrt hat. Alles dreht sich um ein uraltes, geheimnisvolles *Koran*-Exemplar. Nazis kommen vor und ein neugieriger Student, der dem Treiben auf die Schliche kommt. Mehrere Schachteln, in denen alte Filmrollen verwahrt werden, tauchen plötzlich wieder auf. Die Geschichte spielt an einer Universität in Deutschland und in einem kleinen Dorf in Syrien. Der einzige Unterschied zu Dan Brown, Agatha Christie und Indiana Jones ist: Es gibt kein Happy End. Die Bösen werden nicht erwischt. Aber jetzt der Reihe nach.

In der Nacht vom 24. auf den 25. April 1944 fliegen britische Bomber der Royal Air Force wieder einen schweren Luftangriff auf München. Eine halbe Million Stabbrandbomben und über 25 000 Phosphorbomben donnern auf die Stadt. Die Bahnhöfe brennen, Häuser brechen in sich zusammen, der totale Krieg, Leid ohne Ende. Auch ein ehemaliges Jesuitenkolleg, das die Bayerische Akademie der Wissenschaften beherbergt, wird komplett zerstört. Das kommt dem Orientalisten Anton Spitaler gerade recht. Er arbeitet an seiner Habilitation in Semitistik (die Sprachwissenschaft semitischer Sprachen, wozu Arabisch gehört) und behauptet nach dem Bombardement, dass 450 Filmrollen, auf denen die ältesten *Koran*-Exemplare der Welt festgehalten sind, unter den Trümmern begraben liegen. Ja, er sei erschüttert über den Verlust. Schlimm sei das.

Niemand zweifelt daran. Wissenschaft hin oder her, die Menschen haben in diesem Moment Wichtigeres zu tun, als sich um zerstörte Filmrollen zu kümmern.

Fünfzig Jahre vergehen. Dann übergibt der über 80-jährige Professor Anton Spitaler mehrere Schachteln und Zigarrenkistchen an eine seiner Schülerinnen. 450 alte Filmrollen sind darin.

»Mr. Spitaler was lying«, schreibt *The Wall Street Journal* am 12. Januar 2008, fünf Jahre nach seinem Tod. Die *Koran*-Fotografien waren nie verschüttet, sondern immer im sicheren Besitz des hochangesehenen Professors. Wahrscheinlich hat er die Schachteln wie seinen Augapfel gehütet. Schließlich ist deren Inhalt ein Vermögen wert. Der Wissenschaft hat er seinen Schatz aber nie zur Verfügung gestellt. In den sechziger Jahren schrieb Anton Spitaler über sich selbst: »Wenn es mir […] gelingen sollte, in meinen Schülern die Liebe zum Orient zu wecken, ihnen den Zugang zum richtigen Verständnis seiner Probleme in Vergangenheit und Gegenwart zu eröffnen und sie nicht zuletzt zu verantwortlicher akademischer Gesinnung und wahrem wissenschaftlichem Ethos zu erziehen, betrachte ich meine Aufgabe in Lehre und Forschung als erfüllt.« So weit die Ansprüche an seine Studenten.

Als ich selbst am Münchner Institut für Semitistik studierte, kam man an den Büchern Anton Spitalers nicht vorbei. Doch hinter vorgehaltener Hand hörte man plötzlich Kollegen über ihn sagen: »Ach, der alte Nazi.« Mehr war darüber nicht zu erfahren.

Anton Spitaler wurde im Jahr 1910 in München geboren und begeisterte sich schon als Jugendlicher für den Orient. Er besuchte das humanistische Theresiengymnasium und studierte anschließend das Fach Orientalistik an der Universität. Sein Lehrer war einer der bedeutendsten Orientalisten des 20. Jahrhunderts, Gotthelf Bergsträsser. Mit einer Leica-Kamera ausgerüstet reiste Bergsträsser in Nordafrika und im Nahen Osten herum, um alte *Koran*-Manuskripte zu fotografieren. So entstand im Laufe der Zeit eine einzigartige Sammlung von alten Handschriften eines der heiligsten Bücher der Erde, des *Korans*.

Im Januar 1933 übernehmen die Nationalsozialisten endgültig die Macht über Deutschland. Der geübte Bergsteiger Gotthelf Bergsträsser unternimmt im August desselben Jahres eine Bergtour am berühmten Watzmann. Er stürzt ab. Da seine Leiche nie für eine Untersuchung freigegeben wird, entstehen Gerüchte um seinen Tod. Aber es bleibt bei Gerüchten.

Das wertvolle Fotoarchiv erbt sein Nachfolger Otto Pretzl. Er führt die Arbeit seines Freundes fort und arbeitet weiter am *Apparatus Criticus zum Koran,* einem noch nie dagewesenen Werk zu Wesen und Entstehung des heiligen Buches des Islam. Als im September 1939 der Zweite Weltkrieg beginnt, wird Otto Pretzl zum Heer einberufen. Das ist äußerst merkwürdig, da Pretzl im Ersten Weltkrieg einen Lungendurchschuss erlitt und seither als wehrdienstuntauglich galt. Als er 1941 in das Oberkommando versetzt wurde, kam er kurz darauf bei einem ungeklärten Flugzeugabsturz ums Leben. So kam das wertvolle Fotoarchiv in die Hände von Anton Spitaler. Dann kam der Bombenangriff auf München, und Spitaler ließ es verschwinden.

Während des Krieges wurde Spitaler im Deutsch-Arabischen Infanteriebataillon 845 als Übersetzer eingesetzt. Die deutsch-arabischen Bande waren eng. Man hatte gemeinsame Feinde: Engländer und Juden. Aus Syrien kamen während des Krieges immer wieder Meldungen, dass sich die Araber Iraks, Syriens und Palästinas vereint gegen die britische Herrschaft erheben könnten. Lässt man sich heute das Gästebuch des Hotels Baron in Aleppo zeigen, deutet der Hotelbesitzer Armen Mazloumian immer wieder auf einzelne Namen: »Deutscher Spion. Deutscher Spion. Der auch. Hier, den weiß ich nicht, kennen Sie den Namen?«

Hitler war unglaublich populär in den arabischen Ländern. Ein Scheich aus Palästina schrieb nach Berlin: »Zu jeder Zeit bin ich bereit Ihrer Regierung zu dienen mit 100 reitenden Soldaten. Ich warte auf den Wink Ihrer Hoheit.« Als die deutschen Soldaten in Paris einmarschierten, kam es in Damaskus, Homs und Aleppo zu Massendemonstrationen. Die Araber sangen dabei ein Lied: »Nie mehr Monsieur, nie mehr Mister. Im Himmel Allah, auf Erden Hitler.«

Für die Kämpfe in Nordafrika, auf dem Balkan, in Gebieten mit moslemischer Bevölkerung und für die geheimen Kommandounternehmen im Nahen Osten wurden islamische Einheiten aufgestellt, darunter ein »1. Ostmuselmanisches SS-Regiment«, die »Arabische Legion« und viele andere. Auf die Gebetszeiten und den Verzicht von Schweinefleisch wurde Rücksicht genommen, moslemische Feldgeistliche wurden ausgebildet. Im Rahmen des »Kriegsdienstes der Geisteswissenschaften« zog man die Experten für arabische Sprache hinzu. Darunter den Hamburger Professor für Islamkunde Bertold Spuler, der sich praktischerweise schon 1933 zur SA gesellt hatte. Als sich ihm im Jahr 1967 Studenten mit dem Spruch »Unter den Talaren Muff von 1000 Jahren« in den Weg stellten, schrie er zurück: »Sie gehören alle ins Konzentrationslager.«

Handbücher und Übersetzungshilfen wurden gedruckt. In

Leipzig erschien 1940 das Heftchen *Neu-Arabische Stilproben* von Gerhard Rott. Einer der Übungssätze lautet: »Der Führer wird am 28. April mittags 12 Uhr MEZ vor dem Reichstag sprechen. […] Der deutsche Kurzwellensender wird einen Auszug der Rede in Arabisch geben.« Auf der rechten Buchseite steht die Übersetzung ins Arabische.

Als der Münchner Professor Kunitzsch im Jahr 2003 den ausführlichen Nachruf für Anton Spitaler verfasst, findet man kein Wort darüber, wie sich die Orientalisten den Nazis angedient hatten. Und obwohl er die Wahrheit kannte, schrieb er, das Spitaler-Archiv »fiel gegen Ende des Zweiten Weltkrieges der Zerstörung anheim, woraufhin das Projekt aufgegeben werden musste«. Kunitzsch bescheinigt Spitaler eine »überaus kritische Grundhaltung«. In der Münchner Schellingstraße hörte ich bei Paul Kunitzsch einige Vorlesungen, damals noch nichts von den Hintergründen ahnend. Wie gerne hätte ich ihn gefragt, wie man als Professor der Meinung sein könne, »dass die bisherige Erfassung und Durchdringung des arabischen Schrifttums größere abschließende Arbeiten und Gesamtdarstellungen noch nicht zulasse«, wenn man gleichzeitig der ganzen Welt verschweigt, dass man ein einzigartiges Archiv versteckt.

Der *Koran* ist anders als *Die Bibel*. Das macht die Sache heikel. Der *Koran* ist nämlich nicht von Menschen geschrieben, sondern von Gott offenbartes Wort. So glaubt es die islamische Welt. Eine Übersetzung des arabischen Originals kann also keine Gültigkeit besitzen, sondern höchstens eine »Übertragung dem Sinne nach« sein. Die 114 Suren des *Korans* sind der Länge nach geordnet. Ihr Inhalt wurde dem Propheten Muhammad zwischen dem Jahr 610 und 632 geoffenbart, zuerst in Mekka, dann in Medina. Da Muhammad selbst nicht lesen und schreiben konnte, notierten seine Anhänger die einzelnen Offenbarungen. In Venedig erschien im Jahr 1537 die erste gedruckte Fassung des heiligen Buches. Nicht nur der Inhalt, das Buch selbst gilt als heilig. Als ich in den achtziger Jahren in Marokko mein erstes *Koran*-Exemplar kaufen wollte, wurde mir das verweigert. Schließlich sei ich ungläubig. Damit hatten sie sogar Recht.

Die Diskussionen um den Urtext des *Korans* verebben auch in der arabischen Welt nicht. Salman Rushdie hätte das fast mit dem Leben bezahlt. Sein Bestseller *Die satanischen Verse* handelt von den angeblich aus dem Urtext gestrichenen Versen, nach denen es erlaubt sei, neben Allah auch die drei altarabischen Göttinnen al-Lat, al-Manat und al-Uzza anzurufen. Die moderne Wissenschaft geht davon aus, dass einige Passagen gar nicht auf ein arabisches Original zurückgehen, sondern in aramäischer Sprache vorlagen. Die spektakulärste Theorie besagt, dass den verstorbenen Moslem im Paradies gar keine »Jungfrauen« erwarten, sondern »Trauben«. Also Obst statt Mädels. So laute die richtige Übersetzung der aramäischen Quelle.

Wo und wann sich Spitaler während der Kriegszeit in Arabien aufhielt, lässt sich nicht mehr nachvollziehen. Es ist aber davon auszugehen, dass er bei den Kämpfen in Nordafrika selbst vor Ort war. Im Jahr 1955 fährt er nach Syrien. Als Wissenschaftler. Eine gute Autostunde nördlich von Damaskus liegt an den Steilhängen des Libanongebirges das Städtchen Maalula. Mancher hat von dem Ort schon gehört, da die Familie des syrischen Schriftstellers Rafik Schami, der in Deutschland lebt und Bestseller in deutscher Sprache schreibt, aus Maalula stammt.

Maalula ist ein christlicher Pilgerort mit mehreren Klöstern, Kirchen und Heilsstätten. Wer über die Geschichte Näheres erfahren will, sollte sich bereits zu Hause informieren, da die gut gemeinten Heftchen in deutscher Übersetzung, die man vor Ort erwerben kann, nur mit Mühe zu entziffern sind: »Zu dieser Zeit dass Takla vor der Fesnteröffnung in ihrer wohnung, die aufdas Aufenthaltsort vom Buloss hinausschaut, wenn er das Volk prädigte, verliß sie die Fensteröffnung nicht, sonder bleibt sie setzem, um die Gnadewörter aus Buloss-Mund mit großer Freude und voller Aumerksamkeit zu hören. Sie hatte sich ohne Essen veregesse. Als ihre Mutter es bemerkte war die Lage auf sie beide verschärft.« Hinter dem Kauderwelsch steckt die Legende der jungen Frau Tekla, die als Begleiterin des heiligen Paulus verehrt wird und in Maalula ihren Häschern durch eine Felsspalte entkam.

In Maalula wurde bis vor einigen Jahrzehnten noch ein aramäischer Dialekt gesprochen. Aramäisch war 2000 Jahre die Verkehrssprache im Nahen Osten und gilt gemeinhin »als die Sprache, die Jesus sprach«. Heutzutage können sich die jungen Wissenschaftler den Weg nach Maalula sparen. Kein Mensch spricht mehr Aramäisch. Anton Spitaler hat 1933 seine Dissertation über diesen Dialekt geschrieben und reiste 1955 dorthin, um Sprachaufnahmen zu machen. Spitaler gilt heute noch als ein unverzichtbarer Experte in Sachen Maalula-Dialekt.

Zu der Zeit von Spitalers Maalula-Reise lebt bereits eine ganze Reihe von geflüchteten Nazis in Damaskus. Sie hatten ihre Verbindungen aus dem Weltkrieg genutzt, um sich der Verfolgung im Nachkriegsdeutschland zu entziehen. Von Ribbentrops Sekretärin bis zu Adolf Eichmann, der vor seiner endgültigen Flucht nach Südamerika dort kurze Zeit gelebt haben soll, hat sich eine Nazigemeinde im europäischen Viertel gebildet. Womöglich besucht Anton Spitaler alte Bekannte, bevor er wieder ins Flugzeug steigt.

Die Angst vor Aufruhr in der islamischen Welt und die Unberechenbarkeit der Islamisten verhindere im Moment noch die große kritische *Koran*-Ausgabe, sagen die heutigen Hüter des Spitaler-Schatzes. Die deutsche Wissenschaft spielt also die Supernanny für die islamische Wissenschaft. Wie wäre es, wenn man den modernen arabischen *Koran*-Experten die Filmrollen übergäbe und sie selbst an ihrem heiligen Buch forschen ließe? Oder sind auf den Schachteln zu viele Hakenkreuze drauf?

Thomas Mann

Wo: Ägypten
Wann: März/April 1925
Warum: Besserwisserei

Was macht Thomas Mann in Ägypten? Böse Zungen behaupten: am Strand sitzen und den hübschen ägyptischen Jungs beim Baden zusehen. Selbst wenn er daran Freude gehabt hätte, war er doch 50 Jahre mit seiner Frau Katia verheiratet. Sechs Kinder hatten die beiden zusammen, und Thomas Manns homoerotische Neigungen waren wohl eine nie ausgelebte Schwärmerei.

Wir können stolz sein auf den Lübecker Schriftsteller. Neben Goethe, Schiller und Fontane ist Thomas Mann sicher der bekannteste und bedeutendste deutsche Schriftsteller aller Zeiten. Er ist in alle lebenden Sprachen übersetzt, hat den Nobelpreis für Literatur, und er ist seit einiger Zeit tot, also Grund genug, dass Deutschlands Schüler Referate über ihn halten müssen. Zum Glück ist die Vorbereitung dafür nicht mehr so quälend wie früher, als man noch ein echtes Buch zur Hand nehmen musste. Die mühselige Leserei ist längst überflüssig geworden. Thomas Manns *Buddenbrooks* kann man sich als Film reinziehen und den *Tod in Venedig* auf das Handy downloaden. Wenn der Speicherplatz reicht. Bei seinem größten Roman wird es schwieriger. Das vierbändige Werk *Joseph und seine Brüder* gibt es zwar als Hörbuch, aber dafür braucht man bedeutend mehr Zeit als für die neue Scheibe von Lady Gaga. *Joseph und seine Brüder* ist mindestens Doppel-Gaga. 30 CDs. Und das ist die gekürzte Version!

Thomas Mann hatte das Ägyptenfieber. Der englische Archäologe Howard Carter hatte im Jahr 1922 ein nicht entdecktes, deswegen auch nicht geplündertes Grab gefunden. Die reich bestückte Kammer von König Tutanchamun war vollständig erhalten. Eine Sensation. Thomas Mann hatte gerade den *Zauberberg* fertig. Die Idee zu dieser Krankenhausgeschichte hatte seine Frau ausgelöst, die wegen eines Tuberkuloseverdachts 1912 in ein Davoser Sanatorium eingewiesen worden war. Thomas Mann wollte eine Novelle darüber schreiben, hunderte von Seiten sind es geworden. Da kam der ägyptische »Stoff«, wie es unter Schriftstellern heißt, gerade recht. Die Stinnes-Linie hatte den Schriftsteller zu einer dreiwöchigen Reise eingeladen, Nil und Besichtigung des Tutanchamun eingeschlossen. Am 2. März 1925 ging es los. Zurück kam er mit einer Idee, wieder für eine Novelle. Aus der Novelle wird nach 16 Jahren Arbeit der Zyklus *Joseph und seine Brüder* mit dem berühmten Anfangssatz: »Tief ist der Brunnen der Vergangenheit.«

Über seine Arbeitsweise schreibt seine Frau Katia später:

»Zur Zeit des ›Doktor Faustus‹ war er, neben anderem, ein großer Musiktheoretiker, zur Zeit des ›Joseph‹ ein großer Ägyptologe, Orientalist und Religionswissenschaftler, ein Mediziner für den ›Zauberberg‹ – aber merkwürdig rasch vergaß er alle seine Hilfsmittel wie seine Kenntnisse.«

Na ja, wer kennt das nicht. In den Stunden einer Prüfung wissen wir so manches, was schon nach dem ersten Jubelbier danach für immer und ewig aus dem Gedächtnis gestrichen ist.

Aber Thomas Mann ist schließlich ein Alleswisser. Eigentlich ein Klugscheißer. Er gehört zu jener Sorte Mensch, die mit ihrem Wissen nicht hinterm Berg halten und sich dadurch bei anderen Reisenden nicht unbedingt beliebt machen. Anstatt bei der Zugfahrt entlang des Suezkanals wie andere stumm die Aussicht zu genießen, pfeift Thomas Mann die schönsten *Aida*-Melodien. Verdis *Aida* wurde nämlich zur Eröffnung des Suezkanals uraufgeführt und auch bei der Eröffnung des Kairoer Opernhauses gespielt. Thomas Mann weiß das natürlich alles. Und das zeigt er auch.

Aber in seiner Besserwisserei hat er eine nicht unwichtige Kleinigkeit übersehen. Er ist einer Legende aufgesessen, die sich hartnäckig bis in unsere Zeiten gehalten hat. *Aida* war zu den beiden Terminen nämlich noch gar nicht fertig. Verdi selbst war von der ganzen Idee sowieso nicht begeistert: »Eine Oper für Kairo komponieren!!! Puh! Ich gehe nicht hin, sie zu inszenieren, weil ich fürchten müsste, dort mumifiziert zu werden.«

Mit der Mannschen Besserwisserei ging es schon in der Schule los. Der Gymnasiast Thomas Mann interessierte sich sehr für Ägyptisches und hatte schon viel darüber gelesen, sein Lieblingsbuch hieß *Das alte Wunderland der Pyramiden*. Eines Tages wollte der Religionslehrer von seinen Schülern wissen, welchen Namen der heilige Stier bei den Ägyptern hatte. Heute würde bei so einer Frage die ganze Elternschaft dem Religionslehrer ein Schreiben eines Anwalts zukommen lassen. Neben schulischem Rausschmiss, disziplinarischer Einzelhaft und biblischer Folter würde beiläufig gedroht werden, dass vom Lehrplan abweichende Fragen für ihren Sprössling nicht zulässig seien. Und den Kultusminister kenne man persönlich!

Doch Thomas Mann meldete sich gehorsamst und sagte: »Chapi.« Er wurde vom Religionslehrer streng ermahnt, das nächste Mal die Klappe zu halten, wenn er schon nicht Bescheid wüsste. Den Stier nannte man nämlich »Apis«. Was der Lehrer nicht wusste: »Apis« ist die lateinische Form von »Chapi«, und der Schüler Thomas hatte mal wieder Recht.

»Ich schwieg – und habe mir mein Leben lang dieses Verstummen vor falscher Autorität nicht verziehen«, erzählte der Schriftsteller 1942 während eines Vortrags.

Bis auf einen Tagesausflug nach Theben bleibt Thomas Mann die ganze Zeit in Kairo. Die frisch ausgegrabenen Schätze aus dem Grab des Tutanchamun faszinieren ihn. Er ist gut vorbereitet für die Fahrt nach Süden, in das Tal der Könige. So wie es heute noch auf jedem Reiseplan steht, werden Königsgräber besucht. Es ist dort stickig und feucht, und wie jeder vernünftige Reisende fragt sich auch Thomas Mann, ob es nicht ein wenig unanständig sei, durch Grabstätten zu latschen, die geplant und gebaut waren für die ewige Ruhe der Verstorbenen. Aber die Neugier siegt.

Dann passiert ein kapitales Missverständnis. Thomas Mann wähnt sich in einer Grabkammer von Amenophis IV., »an dessen glasbedeckter Mumie im Porphyrsarg ich lange in Rührung stand«. Amenophis IV., den Thomas Mann hier fälschlicherweise zu sehen glaubt, ist der berühmte Pharao Echnaton, der in Ägypten den Glauben an den *einen Gott* eingeführt hatte. In seinem *Josephs*-Roman wird er eine entscheidende Rolle spielen. Doch wenn überhaupt ein Pharao in dem erwähnten Sarg lag, dann war es ein anderer Amenophis, der zum Schutz vor Grabräubern in dieser Kammer vorübergehend abgestellt worden war. Thomas Manns Ergriffenheit ist zwar rührend, doch womöglich hat ihm sein ägyptischer Guide, der über die Echnaton-Hysterie der Europäer Bescheid wusste, absichtlich Quatsch erzählt, oder Thomas Mann hatte einen schlechten Übersetzer dabei. Hätte er die simple Wahrheit vor Ort erfahren, wäre *Joseph und seine Brüder* vielleicht wirklich nur eine kleine Novelle geblieben.

Die Urgeschichte des Joseph stammt aus der Bibel. Etwa um 400 vor Christus schreibt jemand die Begebenheiten auf, die später sogar im *Koran* einen Platz finden. Joseph wird von seinem Vater Jakob bevorzugt und deswegen von seinen Brüdern natürlich gehasst. Sie werfen ihn in eine Zisterne. Doch er überlebt. Jetzt wollen sie ihn endgültig loshaben und verkaufen ihn an Potiphar, den Kämmerer des Pharao, nach Ägypten. Dort verliebt sich die vernachlässigte Frau des Kämmerers in den schönen fremden Jüngling und will ihn verführen. Aber der keusche Joseph lehnt ab. Aus Wut darüber wird er kurzerhand von ihr der Vergewaltigung bezichtigt. Er kommt ins Gefängnis, darf aber dem Pharao einen merkwürdigen Traum deuten. Damit ist er rehabilitiert.

Dann kommt noch eine große Hungersnot, die Josephs böse Brüder nach Ägypten zum Getreidekauf lockt. Am Ende sind alle miteinander versöhnt, und die Historiker untersuchen bis heute, wer dieser Joseph war. Die verschiedenen Episoden der Erzählung inspirierten die Kunstwelt zu Opern, Ölgemälden, Theaterstücken und eben Thomas Mann zu einem Roman.

Akribisch vertieft er sich in das Thema. Er nimmt Kontakt auf zu den besten Ägyptologen und Orientalisten seiner Zeit. An einer Stelle des Romans tauchen sogar echte Hieroglyphen auf. Vier Bildzeichen in einer Reihe, die bedeuten: »Schlafe mit mir.«

Der Urheber dieser Zeichen in Thomas Manns Roman ist der Ägyptologe Alexander Scharff, den er immer wieder zu Rate zog. Scharff leitete das Ägyptologische Seminar der Münchner Universität, das in der Residenz untergebracht war und während der Nazizeit als antifaschistische Zelle galt. »Alle übrigen, die im Seminar aus- und eingingen, angefangen von der Putzfrau, waren überzeugte Antifaschisten und brachten ihre Gesinnung auch unverblümt zur Geltung. Der ›deutsche Gruß‹ z.B. war in meinem Seminar unbekannt«, schreibt Scharff in einem Bericht. Scharff wurde denunziert und litt unter schlimmen Anfeindungen, aber er überlebte.

Wer sich heute auf Thomas Manns Spuren nach Theben und in das Tal der Könige begibt, könnte im 3400 Jahre alten Hatschepsut-Tempel Eingravierungen aus neuerer Zeit entdecken. Dort sollten die Namen der 58 Todesopfer, hauptsächlich Schweizer, eingeritzt werden, die im November 1997 in dieser Tempelanlage erschossen wurden. Sie sollen künftigen Generationen in Erinnerung bleiben, denn sie seien »ein Teil der ägyptischen Geschichte« geworden, schreibt die Regierungszeitung *The Egyptian Gazette*. Die sechs Mörder konnten nur gestellt werden, weil sich die Bewohner des Dorfes neben dem Tempelbezirk sofort an die Verfolgung gemacht haben.

Susanne Osthoff

Wo: Irak
Wann: Winter 2005
Warum: Geisel

Wenn wir schnell mal Bargeld brauchen, gehen wir zum nächsten EC-Automaten und holen es uns. Dazu braucht man eine EC-Karte, eine PIN und einen Automaten, der ausnahmsweise nicht »Außer Betrieb« ist. Im Irak funktioniert die Geldbeschaffung auch ohne Geldautomat. Zu jeder passenden Gelegenheit kann man dort ein Auto anhalten, eine fremde Person aus dem gestoppten Wagen in den eigenen Kofferraum umladen und Lösegeld dafür verlangen. Wenn die gekaperte Person aus Europa ist, geht es dabei nicht um Kleinbeträge, sondern um Millionen. Das funktionierte im Irak meistens ganz gut.

Als die Münchner Archäologin Susanne Osthoff im November 2005 im Kofferraum eines irakischen Autos verschwand, war der Irak bereits zweieinhalb Jahre von amerikanischen Truppen besetzt. »Unsere Armeen kommen nicht in eure Städte und euer Land als Eroberer oder als Feind, sondern als Befreier. Einwohner Bagdads, vergesst nicht: Seit 26 Generationen leidet ihr unter fremden Tyrannen, die alles dafür taten, dass ein arabisches Haus gegen ein anderes stand, damit sie von eurer Uneinigkeit profitieren konnten. Diese Politik ist abscheulich für Großbritannien und seine Alliierten, denn es kann weder Frieden noch Wohlstand geben, wo Feindschaft oder eine schlechte Regierung herrscht.« Diese Worte stammen natürlich nicht von George Bush, sondern von dem britischen General Maude, der im Jahr 1917 Bagdad eroberte. Am 7. April 2003 kamen die nächsten Befreier nach Bagdad. Als erste amerikanische Truppeneinheit marschiert die 3. US-Infanteriedivision in die Stadt ein. Sie blickt auf eine lange Tradition im Wüstenkampf zurück, im Zweiten Weltkrieg kämpfte sie in Tunesien gegen Rommel.

Seit 2003 herrscht im Irak aber nicht Friede, Freude, Eierkuchen, sondern Angst vor dem nächsten Sprengstoffanschlag. Die Söhne des Diktators sind bereits tot, Saddam Hussein selbst wird im Januar 2004 aus einem Erdloch gezerrt und vor Gericht gestellt. Er ist unbewaffnet, Massenvernichtungswaffen hat er keine dabei.

Das Land von Euphrat und Tigris trudelt ins Chaos. Sunniten, Schiiten und Kurden mögen sich nicht. Die Saddam-Anhänger mögen alle nicht. Die Amerikaner mag sowieso keiner.

Seit Kriegsende kamen etwa 100 000 Iraker gewaltsam ums Leben, drei Millionen sind heimatlos und auf der Flucht. Es ist ein Elend, wohin man schaut.

Deshalb die Frage an Susanne Osthoff: Muss man dahin?

Die deutschen Medien stürzen sich hinterher auf Susanne Osthoff. Das hatte zwei Gründe: Endlich sind auch Deutsche in die langsam immer öder gewordenen Irak-Nachrichten verwickelt. Zweitens lieben wir Gruselgeschichten.

Doch Susanne Osthoff ist eine Spielverderberin.

Sie sitzt als Gast bei Kerner und Beckmann, die *taz*, der *Stern* und die *FAZ* rufen an, und alle wollen nur eines hören: »Der Schock ist zu groß. Ich gehe da nie wieder hin.«

Im Umgang mit Medien ist Susanne Osthoff nicht geübt. Sie

ist von Beruf Archäologin, gräbt alte Dinge aus, sucht Geldgeber für die Ausgrabungen und versucht sich für die gebeutelten irakischen Kriegsüberlebenden einzusetzen. In einem gut ausgeleuchteten Fernsehstudio zu hocken, angestarrt von hunderttausenden unsichtbaren Fernsehzuschauern, die auf eine blutrünstige Schauergeschichte hoffen, das kann Susanne Osthoff nicht gut.

Susanne Osthoff sagt, natürlich gehe sie wieder zurück in den Irak. Aha! Wir haben es gleich gewusst, sie spinnt. Wahrscheinlich steckt sie mit den Entführern unter einer Decke. Dieses Gerücht macht sich dann auch in Windeseile breit. Man habe bei ihrer Freilassung Geld bei ihr gefunden, das aus dem Lösegeld stamme.

Nichts davon ist wahr. Aber das interessiert uns nicht.

Deutsche Geiseln haben sich so zu benehmen, wie wir das wollen. Doch Susanne Osthoffs Verhalten ist uns von vorneherein suspekt.

Sie reiste immer wieder in den Irak, als es schon sehr gefährlich war. Sie hat einen Araber geheiratet und von ihm ein Kind bekommen. Dann hat sie ihn wieder verlassen.

Alleinerziehende Mütter gibt es bei uns zuhauf, aber die sind anständig und waren wenigstens bloß mit dem Säufer aus der Nachbarschaft verheiratet, nicht mit einem Araber.

Susanne Osthoffs Lebensweg ist krumm. Sie träumte nie von Doppelhaushälften und dem Sohn, den sie jeden Samstag zum Fußballplatz fährt, sie wird auch nie Salzteigfiguren basteln und Salsakurse belegen. Sie ist leidenschaftlicher als andere.

Wir lernten uns an der Ludwig-Maximilians-Universität in München kennen. Jede freie Zeit zwischen den Semestern nutzte sie für eine Orientreise. Meistens zu einer Ausgrabung in den Irak. Dann Liebschaft, Ehe, Kind. Aus der Ausgrabungsstätte ist ihr Lebensmittelpunkt geworden.

Wir verloren uns aus den Augen, bis ich sie in der *Tagesschau* wiedersah. Auf dem Boden sitzend. Drei vermummte Entführer um sie herum. *BILD* titelt: »Deutsche Geisel: wird sie geköpft?«

Wir lieben Geiselgeschichten. Die Bankräuber Rösner und Degowski gaben der Presse schon Interviews, als die Polizei noch gar nicht vor Ort war. Leider starb im weiteren Verlauf eine Geisel, aber wir waren wenigstens live dabei. Oder Jolo: Die Urlauberfamilie Wallert wurde während der Geiselhaft interviewt. Deutsche Journalisten waren noch vor der internationalen Konkurrenz und den Unterhändlern im Lager der Entführer aufgetaucht. SAT.1 durfte die Wallerts dann exklusiv bis nach Hause begleiten. Toll! Es war übrigens Gaddafi, der dieses Geiseldrama beendete; da war er noch unser Freund.

Der Hochschullehrer Thomas Rothschild präsentiert in seinem Buch *Investigative Kriminalität* einen Vorschlag, was die Medien bei Entführungen noch besser machen könnten. Es geht um das Lösegeld, das die Angehörigen oft erst durch den Verkauf der Exklusivrechte der Story an einen Verlag oder einen Sender aufbringen können:

»Wäre es nicht einfacher, die Entführer ließen sich das Geld direkt von den Illustrierten auszahlen? [...] Noch einfacher wäre es freilich, wenn man auf die Entführer verzichtete. Warum inszeniert die Illustrierte die Entführung nicht selbst? [...] Und der Leser muß sich nicht mehr mit ein, zwei Entführungen pro Jahr begnügen.«

Und die hübsche Entführte müsste auch nicht mehr von Laien dargestellt werden, sondern von Maria Furtwängler.

Die Angst um Susanne Osthoff, von der es drei Tage kein Lebenszeichen gab, verwandelte sich blitzschnell in totale Ablehnung. Spätestens seit sie in einem Interview mit der Moderatorin Marietta Slomka verschleiert vor die Kamera trat. Dabei hatte sie nur schnell ihr Tuch übers Gesicht geworfen, weil sie ihr durch die Entführung ramponiertes Gesicht nicht der deutschen Öffentlichkeit präsentieren wollte.

In den Leserbriefen der folgenden Tage und Wochen wurde gefordert, man soll *der Osthoff* ihren deutschen Paß entziehen und sie solle gefälligst das Geld zurückzahlen, das *wir* für sie bezahlt hätten.

Der Staatssekretär im Auswärtigen Amt Jürgen Chrobog hält ihr »Vollkaskomentalität« vor, in diesen Ländern müsse man besser aufpassen und sich eben vorher überlegen, wohin man fahre. Zehn Tage nach der Freilassung Susanne Osthoffs wird Herr Chrobog selbst entführt. Seine drei Söhne sind auch dabei.

Der glückliche Ausgang einer Entführung ist ein Grund zu feiern. Angehörige, Krisenstab und BND lassen die Korken knallen. Die Entführer auch, sie haben das Geld. Und die Freigelassene muss vor laufenden Kameras den Familienangehörigen tränenreich in die Arme fallen.

Susanne Osthoff verdirbt uns die Party. Sie sagt, sie hat gerade nicht so ein tolles Verhältnis zu Mutter und Tochter.

Uns stockte der Atem!

Aber sie war eben in einem Kofferraum eingesperrt und wollte nur eines: überleben. Sie wurde misshandelt und hatte ständig Todesangst. Doch anstatt mit ihr behutsam umzugehen, hat sie gleich nach der Befreiung der BND verhört.

Irgendwie ist Susannes Verhältnis zu unserem Geheimdienst gestört. Als Studenten der arabischen Sprache war einer der uns angebotenen Ferienjobs der, für den BND zu arbeiten. Harmlose Dinge, Pressearbeit. Einer unserer Professoren steht noch heute auf der »payroll des Dienstes«.

Susanne Osthoff entschied sich aber für Archäologie und für humanitäre Dienste.

Sie lebt heute in Deutschland. Wenn es ihre Arbeit zulässt,

fährt sie »runter«. Ab und zu sehen wir uns. Das Verhältnis zu ihrer Mutter ist gut. Susanne und ihre Tochter lieben und necken sich. Und wenn ihre Tochter mal sagt: »Meine Mutter ist total durchgeknallt«, meint sie es so wie alle Jugendlichen.

Den Pass würde sie ihr deswegen nicht entziehen.

Na ja, manchmal doch. Sie lachen.

Ernst Jünger

Wo: Algerien – Marokko
Wann: 1913
Warum: Eintritt in die Fremdenlegion

In der echten Wildnis ist der Mensch ganz auf sich allein gestellt. Die sogenannten Kameraden entpuppen sich nach kürzester Zeit als ruchlose Gesellen. Die Sitten verrohen, Gewalt liegt in der Luft. Die Ernährung ist karg, der Hunger siegt über den anfänglichen Ekel vor dem Ungeziefer auf dem Speiseplan. Die nächtlichen Rufe nach der Mama verhallen ungehört im tiefen Dunkel des fremden Kontinents – wer denkt hier nicht automatisch an das *Dschungelcamp* von RTL? Doch weit gefehlt. Wir sprechen hier von der Fremdenlegion.

Die Hoffnung ist es, die den untergehenden Fernsehpromi in den Dschungel treibt, sie ist es auch, die den angehenden Fremdenlegionär in das Wüstenfort lockt. Den einen treibt die Angst vor dem Untergang, den anderen die Furcht vor der Justiz.

Ernst Jünger zieht es 1913 nach Sidi-Bel-Abbes, einem berüchtigten Lager der Fremdenlegion in Nordafrika. Er war allerdings vorher nicht kriminell, eingekerkert, ausgebrochen und nun von der Polizei verfolgt, dazu berufslos und von Frau und Kind verlassen, so wie wir den Fremdenlegionär gerne vor Augen haben. Ernst Jünger stammte aus einem gut betuchten, bürgerlichen Hause, der Vater war Chemiker, doch der 18-jährige Bub war gerade unglaublich schlecht in der Schule und hatte zu viele Abenteuerromane gelesen. In wenigen Jahren waren in Deutschland nicht weniger als 70 Hefte und Romane über die Fremdenlegion erschienen, darunter *Im Abgrund der Fremdenlegion* oder *Die Hölle von Sidi-Bel-Abbes*. Die Schulbehörden des Deutschen Reiches warnten mit Broschüren und Vorträgen die junge Generation eindringlich vor dieser undurchsichtigen Truppe, was sie selbstverständlich noch reizvoller machte. In Verdun ging Ernst Jünger in ein Rekrutierungsbüro, wurde prompt als Legionär verdingt und gleich nach Marseille abkommandiert. »Zusammen mit Leonhard, Benôit, Franke, Paul, dem Briefträger, den beiden Italienern und vielen anderen marschierte ich recht vergnügt zum Schiff und gab mich meinen afrikanischen Träumereien hin, die sich nun endlich verwirklichten«, schreibt der Schriftsteller und hochdekorierte Offizier Ernst Jünger 1936 in seinem autobiografischen Erzählband *Afrikanische Spiele*.

Ernst Jünger gehörte zu dem Trio der deutschen Methusalem-Promis, bestehend aus Leni Riefenstahl, Johannes Heesters und ihm selbst, die alle ihren hundertsten Geburtstag feiern durften und deren Verhältnis zu Adolf Hitler und den Nazis nach wie vor nicht zu Ende diskutiert ist.

Für den Ersten Weltkrieg hat er sich freiwillig gemeldet und kam, mehrfach verletzt, mit viel Ordensblech auf der Brust und einer Menge Material für seinen ersten großen Roman *In Stahlgewittern* zurück. Er studierte Zoologie und Philosophie und hielt den »Stoß gegen die Juden immer zu flach angesetzt«. Im Zweiten Weltkrieg war er wieder Kriegsheld und erhielt wieder ein eisernes Kreuz. Die Entnazifizierung lehnte er ab, die Erziehung eines jungen Mannes im »Stahlgewitter« nicht. Sein Name wird verbunden mit Elitedenken, Männlichkeitswahn und Verherrlichung von Gewalt. So einer muss auch zur Fremdenlegion.

Die »Légion étrangère« wurde 1831 gegründet und darf bis

heute nur außerhalb von Frankreich eingesetzt werden. Sie ist eine Freiwilligenarmee, die heute knapp 8000 Soldaten zählt und direkt dem französischen Präsidenten untersteht. Während einer Parade sind die feschen Helden aus der Wüste mit dem weißen Käppi auf dem Kopf allerdings die langsamsten von allen Truppenteilen. Sie dürfen beim Paradieren pro Minute 25 Schritte weniger machen als die normalen Soldaten. So die Tradition, da der tiefe Wüstensand ein schnelleres Marschieren nicht erlaubt.

Die Rekrutierung läuft so: In einer düsteren Spelunke machen zwei Soldaten der Fremdenlegion, die sich in diesem Moment natürlich nicht als solche zu erkennen geben, das ahnungslose Opfer maßlos betrunken und verschleppen es, noch bevor der arme Wicht das Bewusstsein wiedererlangt, in eine dunkle Rekrutierungshöhle der Fremdenlegion. Am nächsten Tag ist der »Freiwillige« bereits auf dem Weg nach Afrika, um dort für immer in einem staubigen Kastell einer Strafkompanie Dienst zu schieben – so will es der Mythos.

»Es war einmal einer Mutter Sohn,
der ging in die Fremdenlegion.
Französisch lernt er nicht verstehn,
aber Arschficken und Zigarettendrehn«,
heißt es in einem Legionärslied.

Bei Ernst Jünger ist es nicht ganz so schlimm gewesen. Die kurze Zeit in Afrika schildert er rückblickend als eintönig bis langweilig. Seine Kameraden waren keine Rambos mit krimineller Vergangenheit, sondern Spießer und Mamasöhne aus dem schönen Taunus. Zweimal am Tag gab es Appell, abends einen politischen Vortrag, dazwischen Boden schrubben und Zimmer putzen. Nach dem Mittagessen war den Jungs ein zweistündiger Mittagsschlaf befohlen. Eines seiner aufregendsten Fremdenlegionärserlebnisse war nicht der blutige Kampf gegen aufsässige Beduinenstämme, sondern ein privater Ausflug in die verwinkelten Gassen des Basars, wo ihm ein Kamerad eine käufliche Liebschaft organisierte. Doch als die angebliche Spanierin im schummrigen Licht ihr gelbes Kleid über den Kopf streifte und nichts als nackte Haut zeigte, floh Ernst Jünger panisch aus dem Etablissement. Kurze Zeit später türmte er aus dem Lager, floh nach Marokko, wurde wieder eingefangen und zurück in die Kaserne gebracht.

Die Fremdenlegion stand lange im Ruf, eine deutsche Truppe zu sein. Es gab Zeiten, da bestand dieses kleine Franzosenheer fast zur Hälfte aus Männern mit deutscher Abstammung. Man fragte dort nicht nach dem Wie und Warum, der Herkunft oder einer womöglich dunklen Vergangenheit. Jedermann bekam dort eine neue Identität. Einen der größten Anteile an Deutschen in der Fremdenlegion gab es nach 1945. Unzählige SS-Verbrecher entgingen damit ihrer Verfolgung.

Auch zu Zeiten Ernst Jüngers gab es eine große Gruppe deutscher Fremdenlegionäre in der algerischen Kaserne. Mit der deutschen Sprache kam man gut zurecht. Doch Ernst Jüngers Abenteuerlust war gestillt. Zu seinem Glück hatte sich längst sein Vater eingemischt. Er kaufte seinen Sohn aus der Fremdenlegion heraus, schließlich sei er viel zu jung und zu schwächlich für diesen Dienst. Nach ein paar Monaten Abenteuer war Ernst Jünger wieder zu Hause.

Sicher hörte er später Freddy Quinns Schlager *Der Legionär*, der in den fünfziger Jahren wochenlang Platz eins belegte:

»Der Weg nach Haus ist schwer
für einen Legionär.
Und viele sehen die Heimat,
die Heimat niemals mehr.«

Ernst Jünger blieb in der Heimat und starb dort mit 102.

Schiffskapitäne im Stau

Wo: Bittersee im Nil
Wann: 6. Juni 1967 bis 7. Mai1975
Warum: Vollsperrung im Suezkanal

Wer im Stau steht, braucht gute Nerven. Die Kinder streiten, kreischen und heulen, denn erstens ist im Nintendo der Akku leer, und zweitens hat Papa verboten, das Schwimmkrokodil im Auto aufzublasen. Mama lackiert sich die Fußnägel und kann gerade weder die Kinder zurechtweisen noch aussteigen, um einen Blick an der Autoschlange vorbei nach vorne zu werfen. Seit einer Stunde geht nichts mehr und zum Feriendomizil sind es noch 700 Kilometer. Nach zwei Stunden Stillstand in der Autobahnhitze klingelt das Handy. Es ist weder der ADAC noch der Katastrophenschutz, schon gar nicht der Verkehrsminister. Von Fürsorge weit und breit keine Spur, es ist nur Oma, die fragt: »Seid ihr schon da?«

Aber was sind schon ein paar Stunden Stau am Ferienbeginn gegen eine Wartezeit von acht Jahren! Das überstehen nur die coolsten der Coolen: Schiffskapitäne.

Am Montag, den 5. Juni 1967, biegt ein Konvoi aus 14 Frachtschiffen aus verschiedenen Ländern von Süden in den Suezkanal ein. Die deutschen Schiffe »MS Münsterland« und die »MS Nordwind« wollen nach Hamburg. Kapitän Karl Hoffmann fährt mit seiner »MS Münsterland« an der Spitze der Frachtschiffe, als er von ägyptischen Lotsen angewiesen wird anzuhalten. Die Schiffe befinden sich an der breitesten Stelle des Suezkanals. Die 30 Kilometer lange Ausbuchtung heißt »Bittersee« und dient als Ausweichstelle, an der entgegenkommende Schiffe vorbeigelassen werden können.

Dann sieht Kapitän Hoffmann von seiner Brücke aus die israelischen Kampfjets im Tiefflug über den Kanal donnern. Der Sechstagekrieg ist ausgebrochen. »Dieser Konvoi kommt noch durch«, hatten ihm die Lotsen versprochen. Aber wen kümmert das Geschwätz von gestern, die Weiterfahrt wird verboten. Die Ägypter sperren den Kanal, indem sie Schiffe in der Fahrrinne versenken, die Frachter liegen fest.

Die anderen 12 Schiffe heißen so, wie Schiffe eben heißen: »Lednice«, »Vassil Levsky«, »Agapenor«, »Melampus«, »Scottish Star«, »Port Invercargill«, »African Glen«, »Boleslaw Bierut«, »Djakarta«, »Sindh«, »Killara« und »Nippon«.

Seit der Mensch auf dem Wasser herumrudert, gibt er seinem Boot einen Namen. Das hängt sicher mit den Feierlichkeiten zusammen, die es bei der Schiffstaufe gibt. Um die Götter friedlich zu stimmen, wird eine Flasche Schampus am Rumpf des Schiffes zertrümmert, der Rest wird ausgeschenkt. In Schottland ersetzt natürlich eine Flasche Whisky den französischen Champagner. Inder verzichten auf Alkohol und zerschmettern eine Kokosnuss am Schiff. So erklärt sich auch, warum die Inder nicht als große Seefahrernation gelten. Wahrscheinlich gehen zu viele Schiffe schon bei der Taufe in die Brüche, wenn sich nämlich die stahlharten Kokoskugeln in den Rumpf bohren. Auch wenn jemand nur ein Schlauchboot besitzt, sollte er es unbedingt taufen, denn aus dem Aberglauben der Seefahrer wurde oft schon schreckliche Realität. Das berühmteste Schiff der Welt sank, nachdem es ohne Taufe vom Stapel gelaufen war: die »Titanic«.

Kapitän Hoffmann sitzt mit seiner Mannschaft im Bittersee gefangen und wartet. Es ist Sommer, 50 Grad Außentemperatur, das Schiff glüht. Regelmäßig werden die 14 Frachter vom Sandsturm eingehüllt und mit einem hellen Sandfilm überzogen, so entsteht der legendäre Name für den festsitzenden Konvoi: die »gelbe Flotte«. Viel gibt es nicht zu tun auf den Schiffen. Ab und zu fahren alle gemeinsam mit Volldampf im Kreis herum, damit die Motoren nicht einrosten. Nach einiger Zeit werden die Kapitäne und Mannschaften ausgewechselt. Eine Krise schweißt die Menschen zusammen, also nimmt man freundschaftliche Kontakte zu den anderen Schiffen auf. Zum Arztbesuch rudert man auf das polnische Schiff hinüber. Der Andrang beim Doktor ist so groß, dass er Sprechstunden festlegt, täglich von acht bis elf. Auf einem deutschen Schiff findet regelmäßig ein Gottesdienst statt, woraus aber bald ein Frühschoppen wird.

Kapitän Wolfgang Scharrnbeck, der im Oktober 1967 zur Wachablösung auf die »MS Münsterland« kommt, erzählt dem *Spiegel:* »Ich erinnere mich an köstliche Mahlzeiten unseres Kochs, Hummermajo oder Räucherlachs oder Steaks. Wir hatten australische Weintrauben in unseren Kühlräumen, mit denen wir regelmäßig die Kollegen des bulgarischen Frachters ›Vassil Levsky‹ belieferten, die daraus einen vorzüglichen Schnaps brannten. Als unsere Äpfel begannen, gammelig zu werden, bot die Reederei Hapag diese der ägyptischen Regierung als Geschenk an. Präsident Nasser persönlich lehnte in einem Brief ab, ziemlich unfreundlich übrigens.« Am Beginn der Blockade gibt es häufig Eierspeisen, die »MS Münsterland« hat acht Millionen Eier als Fracht an Bord. Andere notwendige Lebensmittel kommen per Lastwagen durch die Wüste. Etliche davon werden von ägyptischen Soldaten geplündert und kommen leer an.

Als 1968 in Mexiko die Olympischen Spiele ausgetragen werden, veranstalten die Männer auf ihren Schiffen eigene Spiele. Die Mannschaften messen sich in Rudern, Gewichtheben, Schwimmen, Kunstspringen, Tischtennis, Fußball und anderen Sportarten. 14 Schiffe, 14 Disziplinen. Als endlich ein Reporter von der *Quick* die Erlaubnis erhält, die deutschen Frachter zu besuchen, bringt er einen Christbaum mit. Er wird auf ein Floß gestellt und auf dem Wasser zwischen den Schiffen mit einem Anker fixiert. So haben alle was davon.

Ansonsten schaut man zu, wie Ägypten und Israel Krieg gegeneinander führen. Granaten fliegen über die Schiffe von einer Kanalseite auf die andere. Begonnen hatte der Krieg mit einem sogenannten Präventivschlag Israels. Mehr als 180 israelische Jagdbomber flogen am frühen Morgen des 5. Juni 1967 in großem Bogen über das Mittelmeer und griffen ägyptische Militärstellungen aus dem Rücken kommend an. An einem einzigen Vormittag wurde die gesamte ägyptische Luftwaffe zerstört. Die Landebahnen waren durch unzählige Bombenkrater unbrauchbar. Der Luftraum gehörte Israel. Auch an der syrischen und jordanischen Grenze wurde gekämpft. Vorausgegangen war ein gewaltiger ägyptischer Truppenaufmarsch. 100 000 Soldaten schickte der ägyptische Präsident Gamal Abd el Nasser an die israelische Grenze. Eine Woche vor Kriegsausbruch sprach er zu seinem Volk: »Unser grundlegendes Ziel ist die Vernichtung Israels. Das arabische Volk will kämpfen.«

Nasser brauchte einen Erfolg. Sein Volk hungerte, politisch hatte er sich isoliert. Da kam eine Falschmeldung, die von der UdSSR verbreitet wurde, gerade recht. Zehn bis 13 israelische Brigaden, also etwa die Hälfte der gesamten israelischen Armee, sollten angeblich an der syrischen Grenze aufmarschiert sein. In Tel Aviv wurde dem sowjetischen Botschafter angeboten, dort hinzufahren und sich vom Gegenteil zu überzeugen. Er lehnte ab.

Nach einer Woche war der Krieg beendet, und bereits am 11. Juni 1967 wurde der Waffenstillstand unterzeichnet. Israel hatte sich vergrößert, auf der Sinaihalbinsel, auf den Golanhöhen und im Gazastreifen wehte die israelische Flagge. Erst im Jahr 2005, nach 38 Jahren Besatzung, zieht sich Israel aus dem Gazastreifen zurück.

Die Gipfelkonferenz arabischer Staaten im August 1967 legt die arabische Position gegenüber Israel fest: »Kein Frieden mit Israel, keine Verhandlungen mit Israel, keine Anerkennung Israels.«

Die Kapitäne im Bittersee hoffen auf eine baldige Heimkehr. Aber der Suezkanal bleibt zu. Erst muss noch ein weiterer Krieg den Nahen Osten überziehen. Der sogenannte »Oktoberkrieg« im Jahr 1973. Präsident Nasser war seit drei Jahren tot, als an Jom Kippur, dem höchsten jüdischen Feiertag, ägyptische und syrische Armeeeinheiten die israelischen Posten überfallen. Hosni Mubarak war als Chef der ägyptischen Luftwaffe dabei.

Alle arabischen Länder unterstützten den Kampf gegen Israel, auch Kuba schickte Soldaten, und aus der DDR wurden NVA-Kampfjets nach Syrien geliefert. Am Ende des Krieges war die Sinaihalbinsel wieder ägyptisch und die Golanhöhen zum Teil wieder syrisch.

Und wir hatten die Ölkrise und spazierten am autofreien Sonntag zu Fuß über die deutschen Autobahnen.

Nach Kriegsende keimte im Bittersee wieder einmal die Hoffnung auf, dass es nun endlich weitergehen könnte. Aber es dauerte noch. Inzwischen hatten sogar die Briefmarkensammler aus aller Welt Interesse an dem internationalen Konvoi gefunden. Da wegen der ständigen Ballerei kein Funkkontakt mit der Heimat möglich war, blieb als einziger Weg für die Grüße an die Liebsten der Briefverkehr. Doch weit und breit kein Postamt in Sicht. Die Schiffsleute begannen damit, mit eigener Hand Briefmarken auf ihre Briefe zu malen. Die ägyptischen Behörden erkannten die Malereien auf den Briefumschlägen tatsächlich an und schickten die Post weiter. Im Lauf der Zeit verbesserten die Besatzungen ihre Postdienste und stellten sogar einen eigenen Stempel her, mit einer großen 14 in der Mitte, das Symbol für die 14 gefangenen Schiffe.

Im Rahmen der Friedensverhandlungen im Nahen Osten kommt es dann doch noch zu einer Lösung. Pünktlich zur Fußballweltmeisterschaft 1974 beginnen ägyptische Bagger die Wracks aus dem Weg zu räumen. Am 7. Mai 1975 lichten die ersten Schiffe die Anker und nehmen Kurs auf die Heimat. Zusammen mit den Ersatzmannschaften schoben insgesamt 3000 Seeleute Dienst auf ihren Schiffen im Bittersee. Die Arbeit auf einem stehenden Schiff ist das Schlimmste, was einem Seemann widerfahren kann. Die Abkommandierung in den Bittersee war gefürchtet. Heute erinnert sich jeder, der bei dem großen Abenteuer dabei war, mit romantischen Gefühlen an den längsten Schiffsstau, den es je gegeben hat.

Am 24. Mai 1975 erreichen die »MS Münsterland« und die »MS Nordwind« nach acht Jahren Fahrt den Hamburger Hafen. 30000 Menschen stehen dabei am Ufer und jubeln ihnen zu.

Regina Halmich

Wo: Casablanca (Kreuzfahrt)
Wann: 2010
Warum: Rente absichern

Ein Schiff schaukelt. Manche werden seekrank, manche nicht. Diejenigen, die seekrank werden, haben es gut, die haben wenigstens was zu tun, die anderen hängen nur rum. Kein Mensch kann den ganzen Tag Mittelalterromane lesen. Und wenn man auf der einen Seite des Schiffes auf das Meer geschaut hat, weiß man, wie es auf der anderen Seite aussieht. Eine Kreuzfahrt ist in erster Linie öde. Das ist kein Wunder. Denn ein Schiff ist eben nur ein Fortbewegungsmittel, einst von findigen Menschen erdacht, um von einem Ufer ans andere zu gelangen. Sich auf einem Schiff aufzuhalten, nur weil es eben ein Schiff ist und ohne irgendwohin zu wollen, ist eine dekadente Erfindung der Neuzeit.

Kein Mensch käme auf die abartige Idee, sich im Urlaub eine Woche im Auto aufzuhalten oder 7 Tage und 7 Nächte im Flugzeug zu verbringen, quasi als »Kreuzflug«. Mit dem Schiff geht's.

Damit der Schiffspassagier aber nicht so leicht merkt, was er eigentlich für einen Unsinn treibt, bietet der Veranstalter ein Berieselungsprogramm an Bord an. Man kann wählen zwischen Fernsehräumen, Außenliegen, mehreren Bars und Restaurants. Nach drei Abenden hat man alles durch, und es geht von vorne los. Daher legt das Schiff immer mal wieder an einem Hafen an, oder es ist ein Star an Bord.

Absurderweise hat TUI eine Profiboxerin auf sein »Wohlfühl-Schiff« engagiert. Verführerisch verspricht der Prospekt, »neue Sportarten für sich zu entdecken oder schon vorhandene Fähigkeiten weiter auszubauen«. Nun, auf der besten Reise gibt es einmal einen Moment, in dem einem die Nerven durchgehen, da sollte aber der Widersacher doch bitte nicht gleichzeitig das Boxen lernen.

Auf der »Boxcamp«-Kreuzfahrt schippert man an den Kanarischen Inseln vorbei und legt zwischendurch im marokkanischen Casablanca an. Bis zu diesem Zeitpunkt wussten viele nicht, dass dieser Ort tatsächlich existiert und es sich nicht nur um einen der größten Blockbustertitel aller Zeiten handelt. Dreimal darf man raten, was hinterher der Bordpianist ständig in die Tasten klimpern muss: »Play it again, Sam«. Es ist anzunehmen, dass es auch ein Humphrey-Bogart-Menü gibt und die »Casablanca«-DVD rauf- und runterläuft.

Regina Halmich ist 34 Jahre alt, das heißt, sie ist raus aus dem Geschäft, aber das Leben kann noch lange dauern. Also müssen Jobs her. Das ist grundsätzlich kein Problem, solange es genügend Männer gibt, die lustvoll hinlotzen, wenn sich Mädchen prügeln. Wobei sich Mädchen, wenn sie sich kloppen, so derartig verhauen, dass selbst harte Männer nicht mehr hinschauen können. So war es 1995 in Las Vegas, als der süßen Rechtsanwaltsgehilfin Regina aus Karlsruhe das süße Gesicht zermatscht wurde. Der Bösewicht war nicht Stefan Raab, sondern eine Mexikanerin, die damals schon bei allen »Terminator« hieß. Wäre nicht sofort ein Arzt zur Stelle gewesen, wäre das deutsche Fliegengewicht für immer entstellt geblieben. Natürlich sind das Ausnahmen, denn seit den Klitschko-Brüdern wissen wir, dass Boxen ein Sport für Akademiker und Bürgermeisterkandidaten ist, die gerne Milchschnitten essen.

Schmuddelkram und Rotlicht haben im Boxsport nichts mehr verloren. Deswegen kann TUI bedenkenlos seinen Boxring am Oberdeck aufbauen.

Einen Urlaub ohne TUI-Beteiligung gibt es nicht. Es sei denn, man wollte im Stadtpark campieren. Und selbst dann wird man womöglich am nächsten Morgen unsanft von einem Touristenbomber geweckt, der den nächsten Mittelmeerstrand ansteuert. TUI besitzt Kreuzfahrtschiffe, Flugzeuge und Hotels, die man in über 3500 eigenen Reisebüros der Kundschaft schmackhaft machen will. Größter Einzelaktionär ist der Oligarch Alexei Mordaschow. Der ist 45 Jahre alt und hat 20 Milliarden auf dem Konto. Bei allzu vielen Frühbucherrabatten und Last-Minute-Buchungen stagniert die Kontobewegung natürlich ein wenig. Alexei trifft man nie auf seinen Kreuzfahrtschiffen, er hat schließlich eine Yacht, die wahrscheinlich doppelt so lang ist wie der rostige Touristendampfer mit seinen lächerlich wenigen 900 Besatzungsmitgliedern.

Die Zeiten, in denen Kreuzfahrten mit Luxus und Ausschweifungen verbunden waren, sind längst passé. Als Erfinder der sinnfreien Bootstouren gilt Albert Ballin, ein Hamburger Reeder, der im Jahr 1899 Generaldirektor der »Hamburg-Amerikanischen-Packetfahrt-Actien-Gesellschaft«, also der berühmten HAPAG, wurde. Die riesigen Schiffe rentierten sich nur, wenn sie möglichst schnell die Auswanderer nach Amerika brachten. Doch in den Wintermonaten waren die Wetterbedingungen auf dem Atlantik oft so rau, dass an eine Überfahrt gar nicht zu denken war. Eine neue Geschäftsidee musste her. Also schipperte seine »Kaiserin Auguste Viktoria«, damals das größte Schiff der Welt, ersatzweise im Mittelmeer herum und lief die Häfen des Orients an. Die Kreuzfahrt war geboren. Die Reichen und Superreichen hatten dabei Mordsspaß und ließen sich gleich ein paar kindische Kreuzfahrtregeln einfallen. Erstens: Wechsle mehrmals täglich die Garderobe, zweitens: Der Herr trägt von Tag zu Tag einen immer dunkleren Anzug.

Man startete also mit dem hellgrauen Zweiteiler und kleidete sich am letzten Tag der Kreuzfahrt, als Zeichen der Trauer über das Ende der Reise, in tiefes Schwarz. Da es zwischen Grau und Schwarz nicht unendlich viele Abstufungen gibt, enden seriöse Kreuzfahrten auch heute noch meistens nach einer Woche. Albert Ballin hatte viel Freude an seinen Kreuzfahrten und wollte sie nicht durch staatspolitische Auseinandersetzungen gefährdet sehen. Kurz vor Ausbruch des Ersten Weltkrieges setzte sich der auch in England einflussreiche Geschäftsmann mit aller Kraft gegen eine Eskalation ein. Gegen die Kriegstreiber hatte er keine Chance. Während des Krieges versuchte er, das Massenmorden wenigstens abzukürzen, aber die Kriegsherren hörten nicht auf ihn. Im November 1918, zwei Tage vor Kriegsende, beging Albert Ballin in seiner Heimatstadt Hamburg Selbstmord.

Regina Halmich stiehlt Casablanca die Show. Die paar Kilo Autogrammkarten, die in einem Extrakoffer mitgeschleppt werden, sind da fast schon knapp berechnet. Die meisten Schiffsurlauber kennen die Exboxweltmeisterin aus dem Fernsehen, aus ihrer Show *The biggest Loser,* eine jener Fernsehsendungen, die angeblich niemand schaut, und wenn, dann nur durch puren Zufall oder weil man durch ein überraschendes Zucken im Daumen auf der Fernbedienung unabsichtlich hineingeraten ist. Auf jeden Fall ein überflüssiges Stück Fernsehgeschichte, wo um 21:15 Uhr übergewichtige Menschen vor der Glotze hocken, die Chipstüte links, das Bier rechts, und von noch übergewichtigeren Menschen vorgeführt bekommen, wie man seine Fettpfunde abtrainiert. Regina Halmich ist beliebt. Da macht es auch gar nichts, wenn sie den Kreuzfahrtgästen im unsexy Trainingsanzug die Übungen vormacht, wir kennen die Boxerin ja aus dem *Playboy,* nackt wie Gott sie schuf, manche fanden sie allerdings bei »Boxen im Schoko-Outfit« noch geiler.

Und die neue Nase steht ihr auch gut.

Ausgerüstet mit rudimentären Boxkenntnissen erobert der Kreuzfahrtpassagier Casablanca. Landgang mit Besichtigung der fünftgrößten Moschee der Welt, im Bus eine kurze Einweisung in das marokkanische Königshaus, das sich ja bis auf Muhammad, den Propheten und Gründer des Islam, zurückverfolgen lassen soll. Vor 500 Jahren war die heutige Millionenstadt ein berüchtigter Piratenstützpunkt. Bis die Portugiesen die Schnauze, ja, genauso sagt es der marokkanische Reiseführer im Bus, voll hatten von den Überfällen und die Stadt eroberten. Schlimm war es auch im Jahre 1907. Der Hafen wird ausgebaut, aber die Anwohner behaupten, durch die gottlosen Arbeiter sei der moslemische Friedhof in ehrloser Weise schlimm beschädigt worden, es kommt zu Mord und Totschlag, worauf die Franzosen ihre Marine in die Stadt schicken. Als sie mit der Eroberung fertig sind, sind fast alle Einwohner tot. Die Franzosen bleiben gleich selbst vor Ort.

Sogar für die Cineasten unter den Urlaubern hält man Informationen bereit. Berühmtester und wohl beliebtester Sohn der Stadt sei Jean Reno, der böse Auftragskiller im französischen Thriller *Leon – Der Profi.* Jean Reno wurde in Casablanca geboren und trat als Jugendlicher in die französische Armee ein, um die französische Staatsangehörigkeit zu erhalten. Das hat geklappt.

Nach dem Snack an Land, der im Kreuzfahrtpauschalpreis inbegriffen ist, sodass jetzt jeder auch noch behaupten kann, er könne sich ein Urteil über die marokkanische Küche erlauben, stapft man verschwitzt und mit dampfenden Socken wieder auf das Schiff zurück. So ist also Marokko.

Wer das Glück hat, Regina Halmich auf einer kleinen privaten Plauderstunde zu begegnen (man nennt das im Promigeschäft »meet and greet« und wird lange vorher von der Agentur eingefädelt), bekommt erzählt, dass sie als Kind von ihrem

Vater ihre ersten Boxhandschuhe geschenkt bekam und ihren Barbiepuppen immer die Haare abgeschnitten hat.

Die Kinder frühzeitig an die Härten des Lebens zu gewöhnen, ist eine traditionelle Erziehungsmethode. Wer jemals die ZDF-Vierteiler gesehen hat, erinnert sich hier an den von Raimund Harmstorf gespielten »Seewolf« Wolf Larsen, der in äußerster Härte sich selbst und seiner Mannschaft gegenüber seine »Ghost« durch die Wellen steuerte. Viel spannender als die Psychologie ist allerdings bis heute die Frage, wie dieser Hüne es schaffen konnte, eine rohe Kartoffel in der Faust zu Brei zu zerquetschen.

Mehr kann man von einer Kreuzfahrt nicht verlangen: Man weiß Bescheid über Marokko, kann boxen und hat mit einem Weltstar ein paar Tage auf demselben Schiff verbracht.

Da lohnt es sich, im Kreuzfahrtkatalog in den nächsten Touren zu schnuppern. Und tatsächlich! Im Angebot ist die Kreuzfahrt mit dem Motto »Lachen ist gesund«, Mike Krüger als Stargast. Leider ist es dieselbe Route: »Kanaren mit Casablanca«. Egal, wir können ja an Bord bleiben, Marokko kennen wir jetzt schon.

Erwin Rommel

Wo: Nordafrika
Wann: 1941 bis 1943
Warum: Weltkrieg, Abreise wegen Kapitulation

Nordafrika. Wer in Tunesien landet und weiter nach Ägypten bis an den Nil will, braucht viel Geduld, einige Visa und reichlich Reiseerfahrung. In Zeiten des Zweiten Weltkriegs genügten Panzer, Verbündete und ein Führerbefehl. Unter diesen außergewöhnlichen Umständen nannte sich der Reiseleiter auch nicht Reiseleiter, sondern Generalfeldmarschall. Um die Angehörigen der Soldaten daheim nicht unnötig zu beunruhigen, heißt das blutige Kriegsgeschäft im Volksempfängerjargon auch nicht Massensterben, sondern einfach Feldzug. Der Soldat, der nicht mehr heimkommt, wird natürlich auch nie zerfetzt, zerrissen oder verstümmelt, sondern er »bleibt im Felde«. Fast romantisch. Und natürlich stirbt er nicht jämmerlich und in Panik zurückgelassen, sondern den Tod eines Helden im Kreis seiner Kameraden. In Nordafrika wird der Krieg noch schöner geredet als anderswo.

Als die deutschen Soldaten über das Mittelmeer setzen, verbietet Goebbels gerade »1. Musik mit verzerrten Rhythmen, 2. Musik mit atonaler Melodieführung und 3. Die Verwendung von sogenannten gestopften Hörnern.« Ein Afrika-Korps-Lied wird komponiert, im Marschrhythmus und ohne gestopfte

Hörner. Deutschland hat im Jahr 1941 acht Millionen Soldaten. Sie kämpfen überall, in der Steppe, auf den Bergen, unter Wasser, nur die Wüste hat noch gefehlt. Als die mit dem Deutschen Reich verbündeten italienischen Soldaten von den britischen Soldaten immer mehr zurückgedrängt werden, kommt ihr Hilferuf aus Afrika gerade recht. Der »Wüstenfuchs« muss her. »Rommel ist der verwegenste Panzer-General, den wir besitzen«, schreibt Hitler an Mussolini. Eine Legende wird geboren. Um vom Schlachthaus der Ostfront und den durchsickernden Kriegsverbrechen abzulenken, wird in Afrika der ritterliche, tapfere Kampf erfunden. Ehrenmann gegen Ehrenmann. Das deutsche Volk ist begeistert und macht den 49-jährigen Erwin Rommel zum beliebtesten Soldaten im Dritten Reich. Jetzt ist er DAK-Chef. Nein, nicht Vorstandschef einer bekannten Krankenversicherungsgesellschaft, sondern eines richtig seriösen Unternehmens, des »Deutschen Afrika-Korps«. Um richtig heldenhaft zu werden, müssen am Beginn noch ein paar Kleinigkeiten aus dem Weg geräumt werden. Die Stahlhelme der Deutschen sind grün, bei anderen Einheiten tiefblau. Diese Farben gelten in der Wüste nicht als Tarnfarben. Die Helme werden aufwändig umgepinselt. In Khaki tritt man an zum Kampf. Und wenn es geht mit Fliegenklatsche. Umfangreich hat man die Soldaten informiert über das entbehrungsreiche Leben in der Wüste, die Gefahren durch Schlangen, Skorpione und sonstiges Giftgetier, über Maßnahmen und Gegenmaßnahmen bei Bissen und Stichen. Doch die einzig wirkliche Bedrohung hat man vergessen: die Fliegen. Milliarden, ständig und überall. Bei 50 Grad im Schatten, eingeschlossen im Panzer, da genügt eine kleine Fliegenfamilie, und die Besatzung vergisst jeden Engländer.

An dem von Legenden umrankten deutschen Afrika-Korps war nichts heroisch. Sie landeten in Tunesien, marschierten 3000 Kilometer nach El Alamein, machten kehrt und marschierten wieder 3000 Kilometer zurück, dezimiert auf ein

Häuflein glücklich Überlebender. Die Geschichte des berühmten Rommel-Einsatzes ist schnell erzählt. Am ägyptischen Nil und in anderen arabischen Landstrichen saß der Engländer. Und der sollte weg. Also fasste der Massenmörder in Berlin einen einfachen Plan: Im Osten sollen deutsche Soldaten den Kaukasus überschreiten, in Baku den Ölnachschub sichern und anschließend weiter nach Arabien marschieren. Gleichzeitig setzen andere deutsche Soldaten im Süden übers Mittelmeer, landen in Tunesien und marschieren von dort aus los, also von links nach rechts an der Mittelmeerküste entlang. Am Ende der Gewaltmärsche ist der Engländer in die Zange genommen und der Araber befreit. So stellt man es sich vor.

Doch dann passiert kurz vor Alexandria, an der bis dahin völlig unbekannten Bahnstation El Alamein, etwas, wovor heute jeder Reiseveranstalter den motorisierten Wüstenreisenden eindringlich warnt: Das Benzin geht aus. Rommel wartet auf Nachschub aus Berlin. Aber von dort kommt kein Sprit, sondern nur ein aufmunterndes Wort an die Soldaten: »Ihrer Truppe können Sie keinen anderen Weg zeigen als den zum Siege oder zum Tode.« Die Panzerschlacht geht verloren, und der Araber wartet noch immer auf seine Befreiung durch die Deutschen. Aber der Engländer hat auch fies getrickst. Erst hat er das Codesystem der Deutschen geknackt und so genau gewusst, was sie planen und wann der Nachschub kommt, der dann natürlich nie ankam. Und dann die Sache mit den Panzern. Im Süden der Front dekorieren die Engländer Lastwagen als Panzer, und im Norden machen sie genau das Gegenteil. Die echten Panzer werden so verkleidet, dass sie wie LKWs ausschauen. Dazu bauen die Engländer noch eine Pipeline, die es nicht gibt, und eine Eisenbahnlinie, die keine ist. Ja, wie soll man gegen so einen Hokuspokus den Krieg gewinnen?! Die Deutschen fallen also darauf rein. Nun bauen sie selbst Panzerattrappen. Und die Briten fallen darauf herein. Hinter den englischen Tricks steckt Jasper Maskelyne, ein Bühnenzauberer, der die »Magic Gang« leitet, eine Truppe im englischen Geheimdienst, die im Krieg Quatsch machen darf. Angeblich bauen sie in einer Bucht neben Alexandria ein gefälschtes Zweit-Alexandria auf, mit Hafen, Gebäuden und Straßenzügen, das dann die heldenhafte deutsche Luftwaffe auch erwartungsgemäß bombardiert. Ob das alles stimmt, weiß kein Mensch, Maskelyne stirbt nicht als britischer Held, sondern als Fahrlehrer in Kenia.

Die Deutschen und Italiener müssen sich zurückziehen. Dabei hatte der Chef der verbündeten Italiener schon geübt für seinen siegreichen Einzug in Kairo. Hinter den kämpfenden Einheiten wartet auf Mussolini ein extra eingeflogener hochgewachsener Schimmel. Mit dem wollte er in die ägyptische Hauptstadt Kairo einreiten.

Heute ist El Alamein, 100 Kilometer vor Alexandria gelegen, eine riesige Gedenkstätte für über 12 000 tote Soldaten aller beteiligten Nationen, es gibt ein Kriegsmuseum und ein Mövenpick-Hotel. Kleine Kinder verkaufen Fundstücke an Veteranen und interessierte Kriegstouristen. Sogar Öl wird jetzt dort gefördert. Die ägyptischen Erdölvorkommen sind bekannt, doch kann nur ein kleiner Teil des Reichtums, der auf fünf Milliarden Barrell geschätzt wird, genutzt werden. Denn im Wüstensand sind noch über 20 Millionen Landminen aus Rommels sauberem Wüstenkrieg versteckt. Ägypten ist unter den ersten drei der am meisten durch Landminen verseuchten Länder der Erde. Im Jahr 1982 hat man mit der Räumung begonnen, bis jetzt sind höchsten fünf Prozent geschafft. Am libyschen Mittelmeerstrand stehen im Kilometerabstand Warnschilder, die Strandflächen nicht zu betreten. Minen!

In den Rückzugsgefechten blieb damals einfach keine Zeit, noch groß aufzuräumen. Sogar die Militärbäckerei des Afrika-Korps musste dort 22 000 Brote zurücklassen, weil es so pressierte. Aber der Bäckerleutnant stellte an der Straße noch brav einen Hinweispfeil für die zurückeilenden deutschen Soldaten auf: »Brote zum Mitnehmen.«

Man hatte sich schon so gut mit den Arabern verbündet. In Berlin wurden Millionen von Flugblättern und Postkarten in arabischer Sprache gedruckt, die dann über Damaskus, Bagdad und Kairo abgeworfen wurden. »Hört, o ihr edlen Araber! Befreit euch von den Engländern, Amerikanern und den Juden.«

Damit die Araber auch sehen, wie ernst es den Deutschen unter Rommel ist, hat man in Tunesien gleich nach dem Einmarsch mit der Planung eines Konzentrationslagers begonnen. Von Athen aus wurden abertausende von Karabinern, Minen und Maschinengewehren nach Syrien geschmuggelt. Der Mufti von Jerusalem wurde in Berlin hofiert und dabei in seinem von fern gelenktem Terrorkampf gegen Juden und Engländer unterstützt. Es gab eine muslimische SS-Einheit, Bombardierungen von Tel Aviv und das Schreckgespenst eines jüdisch-zionistischen Riesenreichs mit 20 Millionen Juden. Die antisemitische Propaganda funktionierte so gut, dass noch 60 Jahre danach deutsche Touristen in Arabien mit einem freudigen »Heil Hitler« begrüßt werden.

Die Reiselektüre des deutschen Soldaten enthielt schon damals ein Kapitel »Land und Leute«, das ihn in seiner Aufgabe der Befreiung Arabiens und der Vernichtung der dortigen Juden bestärken sollte: »Der Araber schätzt und achtet den Deutschen! Er sieht im deutschen Soldaten den besten Soldaten der Welt.«

Und Erwin Rommel war das Vorbild. Verwegen, tüchtig und mutig fuhr er im Panzerspähwagen-Cabrio stehend zwischen den rasenden Panzern an die vorderste Front. Das erfüllte zwar keinen militärischen Zweck, aber bei den Soldaten kam die Angeberei gut an. Rommel hatte schon im Ersten Weltkrieg den Helden gegeben, dann im Zweiten an der Westfront; sein

Handbuch über die Infanterie wurde zum Bestseller, eine Bilderbuchkarriere eben. Doch in Afrika muss er aufgeben. Natürlich wie immer ritterlich, tapfer und sauber. Es geht bergab. Nach der Niederlage gegen Montgomerys 8. Armee muss er in Frankreich auch noch die Invasion über sich ergehen lassen. Und die Italiener, die er doch in Nordafrika hätte retten sollen, wechseln die Seiten. Das bringt ihn auf die Palme. Befehl Rommels: »Irgendwelche sentimentalen Hemmungen des deutschen Soldaten gegenüber badogliohörigen [Badoglio: erster italienischer Ministerpräsident nach Mussolini] Banden in der Uniform des ehemaligen Waffenkameraden sind völlig unangebracht. Wer von diesen gegen den deutschen Soldaten kämpft, hat jedes Anrecht auf Schonung verloren und ist mit der Härte zu behandeln, die dem Gesindel gebührt, das plötzlich seine Waffen gegen seinen Freund wendet.«

Wie sich die Waffen gegen einen Freund wenden können, das bekommt Rommel am eigenen Leib zu spüren. Er wird verdächtigt, am Attentat des 20. Juli beteiligt gewesen zu sein. Rommel, bereits schwerverletzt, aber bei Frau und Kind zu Haus, bekommt Besuch. Sie haben eine Zyankalikapsel dabei.

Theodor Bilharz

Wo: Kairo
Wann: 1850 bis 1862
Warum: Wurmforschung

Wer nach Arabien reist, rechnet nicht damit, gesund zu bleiben. Reiseapotheke nennt sich verniedlichend das, was im Durchschnitt die Hälfte des Gepäcks ausmacht. Mückenstiche, Bindehaut- und Blasenentzündung, Wundbrand, Durchfall, Sonnenallergie, Halsweh, Mittelohrentzündung, Unterzucker und Fußpilz haben keine Chance. Vom Dreieckstuch bis hin zu Psychopharmaka und Blutdrucksenkern, Homöopathisches gar nicht mitgerechnet, haben wir alles dabei, was ein mittelgroßes Krankenhaus im Ernstfall des Katastrophenalarms zur Hand haben sollte. Müsste an den Pyramiden der Dame aus Wuppertal schnell ein Bein abgenommen oder dem übergewichtigen Studienrat notfalls die Bandscheibe entfernt werden, kein Problem. Narkosepräparate und Sagrotantücher zum Desinfizieren von Nadel und Faden sind im Notfall-Kit griffbereit. Die Streber unter den Freizeitärzten haben sogar noch die Erstversorgung bei Schusswunden und Skorbut aus dem Internet heruntergeladen. Meistens passiert nichts. Bis auf das, was immer passiert. Der Durchfall.

Die Ahnungslosen wiegeln gleich leichtfertig ab: »Habe ich auch schon gehabt«, »Morgen ist es vorbei«, »Kommt von der Hitze«. Wer einen Rest an Verantwortungsbewusstsein in sich trägt, lässt sich auf dieses gewissenlose Gerede nicht ein. Der schnelle Stuhl nach dem Frühstück kann nämlich tödliche Konsequenzen haben. Noch ist die Diagnose ungewiss: Cholera, Ruhr oder – Bilharziose. Und das bedeutet den sicheren Tod im Wüstensand.

In über 70 Ländern gibt es Bilharziose, 200 bis 300 Millionen Menschen sind weltweit damit infiziert, 600 Millionen sind gefährdet, 90 Prozent der infizierten Deutschen bringen es aus Afrika mit. Und da will jener unselige Wicht mit dem plötzlichen Toilettendrang gerade derjenige sein, den im Bilharziose-Risikogebiet Assuan-Stausee nur eine harmlose Diarrhö überfallen hat!

Wer auch nur mittelmäßigen ärztlichen Verstand besitzt, weiß, dass das leichte Fieber eben kein Hitzschlag ist, der Juckreiz nicht von den Wanzen im Bettzeug herrührt, der Husten nicht von verirrten Brotkrümeln stammt, und dass die geschwollene Leber eben nicht von den letzten Whiskey-Colas an der Beach-Bar kommt. Zweifellos ist es die Bilharziose.

Der Name der Krankheit klingt zwar nach Ärztelatein, hat aber damit nichts zu tun. Als die Infektionskrankheit im Jahr 1851 in einem Krankenhaus in Kairo an einer Leiche entdeckt wird, steht ein deutscher Arzt mit einem lustigen Namen am Seziertisch: Theodor Bilharz. Und schon hatte die merkwürdige Krankheit einen Namen.

Er stammt aus Sigmaringen, ist also gebürtiger Schwabe und hat zu seinem Heimatort sicher so etwas gesagt wie: »Semmaringa«. Viel kann damals dort nicht los gewesen sein. Dem Buben Theodor ist offenbar langweilig, und er jagt und fängt Schmetterlinge. Er hat bald eine prächtige Sammlung davon, und für ihn geht es los mit den Naturwissenschaften. Er studiert Botanik, Anatomie und Medizin, aber auch die Archäologie, Philologie und antike Kunstgeschichte, am Ende dreimal mehr Fächer, als im berühmten *Faust*-Monolog erwähnt werden. Das Mischmasch an Studienfächern klingt zwar nach dem typischen Werdegang eines Bummelstudenten, aber im Alter von erst 25 Jahren macht er schon seine Promotion.

Er ist Arzt, kennt sich aus mit wirbellosen Tieren, also Würmern. In jenen Jahren, also in der Mitte des 19. Jahrhunderts, interessieren sich die meisten jungen Menschen in Deutschland allerdings für andere Dinge. Die Eisenbahn ist gerade erfunden, alle reden über sie, aber nicht annähernd jeder Zweite ist mit so einem rasenden Teufelszeug schon unterwegs gewesen. Revolutionen gibt es an jeder Ecke. Die Bürger begehren auf gegen ihre verschlafenen Monarchen. Sie wollen anständige Zeitungen und weniger Polizeispitzel, oft sogar eigene Meinungen, was die Fürsten wiederum nicht verstehen. In Frankfurt am Main gründet sich die Deutsche Nationalversammlung, eine Art Parlament, das aber nichts zu sagen hat. Deutschland steht ganz am Beginn der Demokratie, also findet die Rednerei dort kein Ende. Die Masse der Abgeordneten sind Juristen, vielleicht liegt es daran. Frauen, Arbeiter und Bauern, also die, die aus der Sicht der Akademiker keine Ahnung von Politik haben, sind natürlich nicht zugelassen. Im Jahr 1850 gibt es zwar auch noch keine »Ärzte ohne Grenzen«, aber man weiß bereits, dass es auf der Welt hinten und vorne fehlt an einer anständigen medizinischen Versorgung. Auf den jungen Sigmaringer Arzt wartet daheim nicht Papas Praxis, die es zu übernehmen gilt, denn Papa ist Beamter. Also zieht Theodor Bilharz hinaus in die Welt. Sein jüngerer Bruder geht als Arzt nach Nordamerika, Theodor nach Ägypten. Er wird Assistent bei Wilhelm Griesinger, dem Direktor des ägyptischen Medizinalwesens. Dort wird Theodor Bilharz im Alter von 30 Jahren Professor und lehrt daraufhin an der Hochschule in Kairo Medizin. Er entdeckt bei einer Obduktion den bösen Wurm, der sich in die menschliche Haut bohrt, vorher aber seinen Schwanz abwirft. Das scheint anstrengend zu sein, denn der Wurm ruht für drei Tage, um dann sein infektiöses Werk fortzusetzen. Detailreicher muss sein vernichtendes Werk hier nicht geschildert werden. Wir alle kennen ja ähnlich Unappetitliches aus dem schlimmen Krankheitsverlauf jenes sagenhaften Mückenstichs: Anfangs glaubt man noch an einen harmlosen tunesischen Insektenüberfall und fährt in bester Urlaubslaune nach Hause, mit dieser kleinen, aber unschönen entzündeten Stelle auf der Wange. Plötzlich wächst sich das Ganze zu einer Beule aus, und – Nervenschwache bitte jetzt weiter unten weiterlesen – auf einmal platzt die Blase und hunderte kleiner Spinnentiere krabbeln heraus. Dass diese Geschichte der Wahrheit entspricht, hat die Bekannte einer Bekannten erzählt, deren Schwester schwört, dass sie eine Freundin hat, deren Cousine genau dieses passiert ist.

Wie man Ärzte so kennt: Theodor Bilharz graust vor gar nichts, sondern forscht begeistert an den Würmern weiter.

Dann kommt eines Tages Besuch. Herzog Ernst von Sachsen-Coburg und Gotha reist nach Ägypten. Seine Frau Alexandrine ist auch dabei. Im März ist es noch nicht so heiß, aber Alexandrine schwächelt trotzdem. Es wird immer schlimmer, und man ruft den deutschen Arzt aus der Klinik zu der adeligen Patientin. Bilharz kennt sich mit ägyptischen Krankheiten aus und weiß sofort, was zu tun ist. Die Frau hat Typhus, aber überlebt durch die Hilfe des ausgewanderten schwäbischen Doktors. Doch vor ihrer Gesundung hat sie ihren Retter angesteckt. Theodor Bilharz hat Typhus. Seine ärztliche Kunst reicht nicht für ihn selbst, der Kampf dauert wenige Wochen, und am 9. Mai 1862 stirbt er in Kairo. Alexandrine wird später berühmt durch ihren Einsatz für verwundete Soldaten im Deutsch-Französischen Krieg 1870/71.

Man beachte: Bilharziose kann sogar beim Segeln übertragen werden, durch das Spritzwasser! Wer sich in Arabien in die Nähe von Gewässern begibt, sollte Schutzkleidung tragen! Und wer im Orient einmal unter Kopfschmerzen leidet, sollte nicht denken, es sind nur Kopfschmerzen!

Ben Wisch

Wann: Fünfziger Jahre und folgende
Wo: Algerien und anderswo
Warum: Kolonialzeit beenden und Menschen retten

An ihren Brillen sollt ihr sie erkennen«, Kapitel 24, aus der Offenbarung des Uli Hoeneß. Wäre die Bibel nicht im Heiligen Land, sondern in einem deutschen Fußballstadion geschrieben worden, wüsste jeder, dass sich dieser apokryphe Stadionvers auf die Sonnenbrillen der deutschen Spielerfrauen bezieht, die auf der VIP-Tribüne ihre rosa schimmernden Botoxbacken hinter wagenradgroßen Brillengläsern verstecken. Aber alles war schon mal da. Diese Ungetüme, die von der Oberlippe bis zum Scheitelansatz reichen, die Gläser ausladend wie die Fensterfront eines Versicherungskonzerns, umrandet von einem Brillengestell, armdick und robust wie die Antriebswelle einer Großraumlimousine, waren bereits vor einigen Jahrzehnten modern. (Übrigens: Die Brillenetuis von damals werden heute als Skiboxen auf dem Autodach verwendet.) Im Optikerfachjargon hieß das damals: getönte Hornbrille. So trug es der Herr von Welt und war das unverwechselbare Markenzeichen von Hans-Jürgen Wischnewski, genannt »Ben Wisch«, den man getrost zu den Top Five der deutschen SPD-Politiker zählen darf.

Wenn seine Hand vor laufenden Kameras zu dieser Brille griff, sie kurz abnahm, um damit der Wichtigkeit des gesprochenen Gedankens noch mehr Gewicht zu verleihen, hielt die Welt den Atem an. Er gehörte zu jener Spezies von Politikern, die nicht Angst, Widerwillen oder Langeweile unter den Bürgern verbreiten, sondern denen ungezählte Menschen ihr blankes Leben zu verdanken haben.

Wischnewski ist herumgekommen. Er wurde 1922 in Ostpreußen geboren und als junger Mensch an die Ostfront gezwungen. »Köln ist für mich die Stadt aller Städte«, sagt er in seinen Erinnerungen, doch der Regierungsbezirk Niederbayern im äußersten Südosten Deutschlands spielte die entscheidende Rolle in seinem Leben. In Straubing trat er nach dem Krieg in die SPD ein, und ein Flugzeug, das auf den Namen der Hauptstadt Niederbayerns getauft war, machte ihn weltberühmt. Ben Wisch spielte bei der Befreiung der 1977 von Terroristen gekaperten »Landshut« eine entscheidende Rolle und galt seither als »Held von Mogadischu«.

Es beginnt in Algerien. Im Jahr 1960 werden 16 afrikanische Staaten unabhängig, nur Algerien nicht. Die Zeit der Kolonien ist endgültig vorbei, aber Frankreich hängt verzweifelt an seinem nordafrikanischen Anhängsel. Seit Jahren tobt ein furchtbarer Krieg. Wer halbwegs von Verstand ist, sollte spätestens jetzt einsehen, dass es auf Dauer unvernünftig ist, den Einheimischen im besetzten Land nicht einmal Bürgerrechte zu verleihen. Schulpflicht und Wahlrecht sind nur für die dort lebenden Franzosen da. Einmischung von außen ist nicht erwünscht, es handelt sich nur um eine »innerfranzösische Angelegenheit«. Wischnewski ist Mitte dreißig, Jungsozialist. Er hat ein Problem. Einerseits ist sein Verhältnis zu Frankreich und den dortigen Parteikollegen exzellent, andererseits werden in Algerien gerade hunderttausende Bauern von den Franzosen deportiert und riesige Kampfzonen eingerichtet, in denen ohne Vorwarnung geschossen, bombardiert und verhaftet werden darf. Die Berichte und Bilder aus dem umkämpften Vasallenstaat der Franzosen schockieren ihn, er stellt sich auf die Seite der algerischen Unabhängigkeitsbewegung.

Von deren Anhängern gibt es allerdings mehrere Untergruppen, und die sind wie üblich zerstritten. In Bonn (für die jüngeren Leser: Diese Stadt am Rhein war einmal Hauptstadt der BRD) bekommt Wischnewski einen unerwarteten Anruf eines Algeriers aus Frankreich. Es sei noch ein bisschen Geld für den Befreiungskampf da, aber das sei ja in Paris nicht mehr sicher, und man kenne sich doch, er solle bitte ein Konto in Deutschland einrichten. Eine haarige Angelegenheit, schließlich darf das niemand mitbekommen. Also wird das Geld auf Wischnewskis Privatkonto überwiesen, worauf sofort die Bank bei ihm anruft und wissen will, ob er einen bestimmten Namen kenne. Nein, kenne er nicht, sagt er, und will auflegen. Wischnewski erinnert sich in seinen Memoiren an die Antwort der Bank: »Der Mann, den Sie nicht kennen und mit dem Sie nichts zu tun haben wollen, hat gerade mehr als 1,8 Millionen DM auf ihr Konto überwiesen.« Er hatte die Kriegskasse der Algerier auf seinem Konto.

Die Blutsbrüderschaft mit den Arabern war besiegelt, er wurde zum Old Shatterhand Arafats. Die guten Verbindungen, zu denen spätere deutsche Auslandspolitiker völlig unfähig waren, bestanden ein ganzes Leben lang. Ein halbes Jahr vor seinem Tod nahm Ben Wisch, im Rollstuhl sitzend, an der Beerdigung des legendären PLO-Chefs teil.

Aber auch große Helden haben Mütter. Sie ist zwar nicht in der SPD, aber sie sorgt sich um die Belange ihres Sohnes wie jede Mutter. Während eines Wahlkampfs marschiert sie in das Parteibüro und beschwert sich bei Wischnewskis Kollegen: »Haben Sie noch nicht bemerkt, dass das Plakat meines Sohnes am Neumarkt zerstört ist?« Und wenn sie ihren Jungen im Altersheim ab und zu im Fernsehen sieht, ermahnt sie ihn anschließend, doch bitte keinen Quatsch zu reden, »sonst muss ich mich ja schämen«.

Nachkriegspolitiker sind der älteren Generation bekannt durch die *Tagesschau* der sechziger Jahre. Der jüngeren Generation aus sogenannten History-Dokus, wo zerfurchte Vorzimmerdamen vor schwarzen Vorhängen sitzen und zwischen verwackelten Schwarz-Weiß-Aufnahmen Anekdoten von früher erzählen. Doch im Gegensatz zu anderen ist Ben Wisch etwas in Vergessenheit geraten. Während sich Bundeskanzler und Oppositionsminister vor den Kameras präsentiert haben, war Wischnewski lieber unterwegs. Natürlich meistens in heikler Mission.

Militärputsch in Chile. Präsident Allende ist von Pinochets CIA-geschulten Schergen umgebracht, Wischnewski fährt hin und befreit deutsche Staatsbürger und rettet nebenher noch einige Chilenen, die sich in andere Botschaften geflüchtet hatten.

Bürgerkrieg in Nicaragua. Wischnewski handelt das Abkommen über den Waffenstillstand aus. Man nennt ihn in Lateinamerika »Commandante Hans«.

Jordanien, September 1970, genannt »Schwarzer September«. Drei Flugzeuge sind von Palästinensern entführt worden und sollen mit den Passagieren gesprengt werden. Die Maschinen stehen 60 Kilometer nordöstlich von Amman auf einem provisorischen Wüstenflughafen, den die Palästinenser »Gaza Airport« nennen. Wischnewski fliegt hin, verhandelt, die Geiseln werden freigelassen, Minuten später fliegen die Maschinen in die Luft.

Libanon, am Vorabend des Bürgerkriegs. Wischnewski will den Sohn einer deutschen Familie befreien. Bei seiner Abreise aus dem Libanon sind die diplomatischen Beziehungen mit dem arabischen Land wieder aufgenommen. Aus der Befreiungsaktion für einen einzigen Menschen wird eine Staatsfreundschaft.

Und als Höhepunkt seines Lebens: Mogadischu. Die ganze

Welt schaut auf die Hauptstadt Somalias. Die Story ist weltberühmt, mehrfach verfilmt, tausendmal erzählt. In Kürze: Palästinensische Terroristen entführen im Oktober 1977 die Lufthansa-Maschine »Landshut« auf ihrem Flug von Mallorca nach Deutschland. Andreas Baader und 15 andere Terroristen sollen freigepresst werden. Die Terroristen dürfen sich erst einmal ein paar Länder aussuchen, in die sie ausgeflogen werden wollen, sie wünschen sich Algerien oder Libyen oder Irak oder Südjemen oder Vietnam. Wischnewski fliegt los, um die Länder zu kontaktieren, stürzt einmal fast ab, und kehrt mit der Information zurück, dass kein Land sie haben will. Bundeskanzler Helmut Schmidt und der Krisenstab, in dem auch Franz Josef Strauß sitzt, lassen sich auf den Erpressungsversuch auch gar nicht ein. Es beginnt die Odyssee der »Landshut«, Kapitän Schumann wird auf einem Zwischenstopp in Aden umgebracht, die Maschine landet letztendlich in Mogadischu. Die Passagiere stehen kurz vor dem Kollaps.

Ben Wisch fliegt hin. Er redet den somalischen Präsidenten schwindelig, verhandelt mit den Entführern, er schindet Zeit und bekommt schließlich von der somalischen Regierung die Erlaubnis, die GSG 9 das Flugzeug stürmen zu lassen. Es klappt. Der Triumph ist grenzenlos.

Für heutige Verhältnisse sind alleine die technischen Schwierigkeiten, die sich damals stellten, gar nicht mehr vorstellbar. Kein Handy, kein Internet, nur eine hundsmiserable Telefonverbindung nach Deutschland. In den entscheidenden Minuten der Befreiung muss das Telefonat von Somalia nach Deutschland über Rom geführt werden:

Bundeskanzleramt: »Es sind ein paar Störungen drin.«
Wischnewski: »Hallo.«
Bundeskanzleramt: »Ja, wir hören.«
Wischnewski: »Hallo.«
Bundeskanzleramt: »Hallo! Ja, jetzt kommt der Bundeskanzler.«

Helmut Schmidt: »Helmut Schmidt, Helmut Schmidt hier!
Ich höre dich kaum.«
Rom: »Einen Moment, Herr Bundeskanzler – hallo Moga-
dischu – ja, der Bundeskanzler ist am Apparat – sprechen
Sie jetzt.«
Wischnewski: (unverständlich)
Helmut Schmidt: »Helmut Schmidt hier, langsam sprechen,
bitte.«
Wischnewski: (unverständlich)
Helmut Schmidt: »Hans-Jürgen – Hans-Jürgen – hallo!«
Rom: »Hallo Frankfurt, hallo Frankfurt, Herr Schmidt, ich
glaube, man kann gar nicht sprechen auf diese Weise.«

Als Hans-Jürgen Wischnewski mitten im libanesischen Bürgerkrieg wieder einmal irgendetwas mit irgendwem verhandelt,
wird er auf dem Flughafen von Beirut beschossen. Der libanesische Drusenführer Walid Jumblatt, mit dem er ein paar Tage
später in Damaskus zusammensitzt, entschuldigt sich mit den
Worten: »Wenn wir gewusst hätten, dass Ben Wisch auf dem
Flugplatz ist, hätten wir mit der Beschießung auch zwei Stunden später anfangen können.«
Ben Wisch ist beliebt und geachtet, er wird mit dem höchsten palästinensischen Orden ausgezeichnet, und er gilt als harter, aber fairer Verhandlungspartner. Doch vor allem pflegt er
seine Kontakte und kennt sich aus, kann unterscheiden zwischen den verschiedenen Lagern und hat ein Gespür, wer
wann was entscheiden kann. Als Hans-Jürgen Wischnewski im
Februar 2005 in der Kölner Uniklinik stirbt, verliert das politische Deutschland sein Wissen über die arabische Welt. Kein
anderer Politiker danach hat solch ein Vertrauen in der arabischen Welt genossen.

Doch Hans-Jürgen Wischnewski pflegte neben seinen heiklen
Missionen auch eine Leidenschaft für die kleinsten Dinge die-

ser Welt: Er sammelte Briefmarken. Natürlich sah er seine Passion in einem großen Zusammenhang und meinte, die Marken seien schließlich »das Spiegelbild unserer Geschichte«. Aber wahrscheinlich hatte er einfach Spaß daran. Wer weiß, ob nicht manchmal sogar die Hobbys der Politiker bessere Verbindungen über die Grenzen hinweg knüpfen als bilaterale Verträge. Nach schwierigen Verhandlungen schenkte ihm einst der Erste Sekretär der sowjetischen Botschaft einen Satz sowjetischer Lenin-Marken, mit besten Grüßen von Gromyko.

Im Alter von 60 Jahren hält Hans-Jürgen Wischnewski eine viel beachtete Rede vor der Vollversammlung der Vereinten Nationen. Es ist der 30. September 1982, und Afghanistan ist seit drei Jahren von sowjetischen Truppen besetzt. Ben Wisch spricht über Frieden, Hunger, Aufrüstung und die Unabhängigkeit der Völker:

»In Afghanistan wehrt sich ein kleines Volk nun schon im dritten Jahr gegen eine hochgerüstete Interventionsarmee. Die fortdauernden Kämpfe fordern einen hohen Blutzoll, über 20 Prozent der afghanischen Bevölkerung sind inzwischen aus der Heimat geflohen. (…) Wir fordern ein Ende der Gewalt und ein Ende dieser Leiden, wir fordern Frieden und Selbstbestimmung für das afghanische Volk.«

Seit dieser Rede sind nun 30 Jahre vergangen.

Rainer Maria Rilke

Wo: Ägypten
Wann: 6. Januar 1911 bis 25. März 1911
Warum: misslungenes Liebesabenteuer

»Sein Blick ist vom Vorübergehn der Stäbe
so müd geworden, dass er nichts mehr hält.
Ihm ist, als ob es tausend Stäbe gäbe
und …«

Spätestens hier sollte es klingeln. Wer jemals in Deutschland eine Schule besucht hat, kam um das Gedicht *Der Panther* von Rainer Maria Rilke nicht herum. Zum schrecklichsten der schulischen Vormittagserlebnisse gehört bis heute die Anweisung des zuständigen Pädagogen im Deutschunterricht: »… und bis morgen die erste der drei Strophen auswendig lernen.« Daran ändert auch der Hinweis nichts, dass sogar Alt-Rocker Udo Lindenberg aus dem *Panther* einen Song gemacht hat.

Für die moderne Gehirnforschung zählt das Auswendiglernen von Gedichten mit zu den wichtigsten Lektionen der Gedächtnisschulung. Das Training des Oberstübchens durch Verse soll wahre Wunder wirken. Menschen, die Gedichte lernen und sie auch fehlerfrei aufsagen können, sind klüger, leben länger, haben hübschere Kinder, führen glücklichere Ehen, werden beim Fremdgehen nie erwischt, haben Geld wie Heu, verlieren nie ihren Führerschein, haben kein Karies, stehen nie im

Stau, sind überall beliebt und können ohne fremde Hilfe DVD-Festplattenrekorder programmieren. So weit die Wissenschaft. Schüler sehen das anders. Rilke im Lehrplan führt zu plötzlichen Schwindelanfällen, Angstschweißattacken, und selbst bei 15-jährigen Buben gibt es vereinzelt Fälle von mysteriösen Scheinschwangerschaften.

Aber, liebe Schülerinnen und Schüler, Germanistikstudenten und Gedichtgeschädigte, dies alles ist nichts gegen eine gemeinsame Reise mit dem leibhaftigen Dichter.

René Karl Wilhelm Johann Josef Maria Rilke zählt man zu den bedeutendsten Dichtern deutscher Sprache. In Prag geboren, darf man ihn trotzdem zu den Österreichern rechnen, da in seinem Geburtsjahr 1875 die böhmisch-mährisch-österreichisch-slowakische Welt noch nicht in die heutigen Kleinstaaten aufgeteilt war, sondern Sisi und ihr Franzl noch über das ganze k. u. k.-Reich herrschten.

Als Rilke 1911 nach Ägypten reist, war das nichts extrem Ungewöhnliches mehr. Reisebüros boten Pauschal- und Individualreisen an, Ausflüge auf dem Kamel, Kreuzfahrten auf dem Nil, als unvermeidlicher Höhepunkt die Besteigung der Pyramiden. Auch in der Heimat gab es schon haufenweise Ägyptisches, mumifizierte Krokodile in den Museen, pechschwarze Eunuchen mit entblößtem Waschbrettbauch auf den Ölgemälden, barbusige Wasserträgerinnen auf sepiafarbenen Ansichtskarten, die man sich heimlich und arg abgegriffen weiterreichte, kurz: der ägyptische Pirelli-Kalender. Sogenannte Ägyptische Gesellschaften waren hilfreich zur Stelle, wenn ein Bankier zur Bestückung seiner Kirschbaumvitrine plötzlich Bedarf an gefälschten Grabbeigaben oder modrigen Mumienfetzen hatte.

Die Neugier auf Ägypten war geweckt. Heute fährt man dorthin, weil das Reisebüro so schöne Kataloge hat oder das Streusalz auf der deutschen Autobahn den Unterboden des geliebten Autos zu zerfressen droht und deswegen Ägypten zur Winterszeit gerade recht kommt. Aber Rilke fährt nach Ägypten, weil seine Frau dort war. Clara Rilke besuchte im Jahr 1907 in Kairo eine Freundin, allein. Der Dichter hatte die junge Malerin und Bildhauerin aus Bremen 1901 geheiratet und im Jahr darauf wieder verlassen, was aber das Verhältnis der beiden nicht trüben sollte. Ihre Schilderungen aus dem Land am Nil wecken Rilkes Neugier. Dazu kommt eine allgemeine Schaffens- und Lebenskrise, aber in erster Linie die Einladung von Jenny Oltersdorf, der frustrierten Gattin eines betuchten Münchner Pelzhändlers, zu einer Orientreise. Der deutsche Dichter und Denker lässt sich dieses eindeutige Angebot nicht entgehen, und so schippert man im Kreis mehrerer Bekannten ab November 1910 erst nach Algier, dann nach Tunis, Karthago und Kairouan. Silvester wird in Neapel gefeiert.

Am Heiligedreikönigstag des neuen Jahres besteigen sie das Schiff nach Alexandria, und vier Tage später sitzt man schon bequem an Deck von »Ramses the Great«, einem Nildampfer, der sie zu allen bekannten Sehenswürdigkeiten des alten Ägypten bringen wird. Irgendwo dazwischen scheint die Leidenschaft des Paares auf Zeit baden gegangen zu sein. Rilke schreibt: »Ich könnte umkehren.« Natürlich nicht wegen der Dame. Nein, nicht der Liebesschmerz ist schuld an der plötzlichen Lust abzureisen, sondern die unüberschaubare Masse an nicht zu bewältigenden Ruinen, dieses Hereinstürzen der Historie auf den Menschenwurm, so und so ähnlich klangen die Ausreden Rilkes.

Jede Frauenzeitschrift aus dem Lesezirkel eines gewöhnlichen Vorstadtfriseurs wüsste hier sofort Bescheid. Ein Mann, Mitte dreißig, kaputte Ehe, offensichtlich bindungsunfähig, weil er nicht einmal in der anregenden Luft des Südens ein flüchtiges Verhältnis aufrechterhalten kann. Und die Kummertante des Blattes würde messerscharf wie immer analysieren: Finger weg, der Mann gehört in Therapie! Familienaufstellung, Rebirthing, Supervision und tiefenpsychologische Ausgrabungen in der Kindheit. Und tatsächlich! Rilke hatte eine Kindheit! Keine schöne, harmonische, mit Lämmchen auf der Wiese und strahlenden Müttern, Großmüttern und Urgroßmüttern in der Stube. Eher eine schwierige und kümmerliche, also eine für diese Epoche völlig normale Kindheit. Seine ältere Schwester war als Kind gestorben. Rilke war nun Stammhalter. Doch als er neun Jahre alt ist, geht die Mutter, verlässt Mann, Haus und Kind. Mama war eine ehrgeizige Tochter aus gutem Hause, Papa war frustriert, weil aus der Offizierskarriere nichts geworden war. Der Gescheiterte musste die Familie als Bahnbeamter durchbringen. Was Papa nicht schafft, soll der Sohn nun richten. Der künstlerisch begabte kleine Rilke wird in die Militärausbildung gesteckt. Als er wieder herauskommt, hat auch er keine Offiziersknöpfe, dafür ein Trauma.

Eine beträchtlich ältere Frau, die Literatin Lou Andreas-Salomé zieht den 21-jährigen Rilke in ihren Bann und wird seine Muttergeliebte. Der Versuch der Ehe mit Clara, aus der eine Tochter hervorgeht, scheitert. Finanzielle Sorgen sind ständige Begleiter. Und dann eben diese Jenny, die ein Abenteuer sucht, was sich in der ägyptischen Luft verflüchtigt zu haben scheint. In einem späteren Brief an eine Freundin liest sich das wenig schmeichelhaft. Rilke, schreibt Jenny, sei »völlig unfähig, sich in der Realität des täglichen Lebens zurechtzufinden« und er sei »gar kein Mann, sondern ein lächerlich-hypersensibles Wesen«.

Es ist anzunehmen, dass die kleine Reisegruppe um Rilke herum ausreichend Spaß erlebt. Man hat Geld, man hat Zeit, was kostet die Welt? Im Bauch des Nildampfers stapeln sich Brandy, Wein und Likör. Angenehme Lüftchen wehen, die Geschichte der menschlichen Zivilisation ist zum Greifen nah. Nur der Dichter zickt. Der hagere Mann mit Schnauzbart geht nicht mehr mit von Bord, wenn die anderen die Ausgrabungen erforschen. Ägypten, wie es leibt und lebt, interessiert ihn nicht mehr, er sitzt an Deck, wälzt Bücher über das Land und seine Pharaonen und versucht, ein paar Brocken Arabisch zu lernen. Zu der Sphinx schleicht er sich nachts, die modrigen Kammern des Ägyptischen Museums sind ihm lieber als die Begegnung mit leibhaftigen Menschen. Die Gruppe hat Gaudi auf den Reiteseln, der Dichter beschäftigt sich still und intellektuell. Es braucht nicht viel, um sich vorzustellen, wie die anderen Reiseteilnehmer über ihn dachten. So jemand nervt!

Diese anzunehmende Wahrheit taucht natürlich in den Erinnerungen nirgendwo auf. Rilke beschreibt die einsamen Stunden an Deck als »wunderbare Abende«, in denen er »eine wirkliche tiefe Besinnung« erlebt.

Als seine Reisebegleiter, mit denen er nun über drei Monate verbracht hat, im Orientrausch weiter nach Palästina ziehen, wird Rilke krank. Das rettet die Situation. Sie trennen sich.

Schwer angeschlagen, bezieht er für mehrere Woche ein Sanatorium im ägyptischen Helouan. Das Eintauchen in die Welt der Pharaonen war nach der vorangegangenen Schreibkrise ein weiterer persönlicher Misserfolg, ein wirklicher Rückschlag, ein Desaster. Er selbst beschreibt seine Ägyptenreise als »Wasserscheide« seines Lebens. Nie wieder wird er dieses Land betreten.

Zurück in Europa will Rilke studieren. In München, Leipzig oder Paris, egal, Hauptsache »ägyptische Sachen«. Er sammelt alles, was er an altägyptischer Literatur bekommen kann, wobei er in unablässigem Briefkontakt mit den führenden Ägyptologen seiner Zeit steht. Dann bricht 1914 der Erste Weltkrieg aus. In Paris, der Hauptstadt des Erzfeindes, wird Rilkes gesamter Besitz versteigert. Er selbst wird eingezogen, sein Vater gilt in den Kriegsereignissen als vermisst. In Ägypten konfiszieren die Engländer allen deutschen Besitz und internieren die deutschen Feinde. Der große deutsche Lyriker Rainer Maria Rilke verstummt.

Neben der Masse an Gedichten und einigen Romanen sollen über 20 000 Briefe aus seiner Hand stammen. Sehr viel später, im Jahr 1941, wird sein Schriftstellerkollege Thomas Mann ein vernichtendes Urteil fällen: »... sein Ästhetizismus, sein adliges Getu', seine frömmelnde Geziertheit waren mir immer peinlich und machten mir seine Prosa unerträglich.«

Dennoch: Alle Hauptwerke Rilkes sind heute ins Arabische übersetzt.

Susi: Rucksacktouristin

Wo: Jemen
Wann: nach dem Abi
Warum: Gutmenschentümelei

Jetzt hat es ihn erwischt! Der Individualtourist und Außenseiter, der Alleinreisende und Weltenbummler ist selbst zum Forschungsobjekt geworden. »Der Backpacker« als Doktorarbeit. Und es geschieht ihm recht. Alles ist erforscht, vom »Zirkulardichroismus in der Photoemission von inneren Schalen und Ferromagneten« (gibt es wirklich), bis hin zu den konkurrierenden »Wirtschaftstheorien bei den Gonorrhoe-Indianern im 17. Jahrhundert« (könnte es geben). Jeder Virus des Universums wurde so lange unters Elektronenmikroskop gelegt, bis sich der Doktorand die Augen wund studiert hatte. Jetzt geht es dem letzten Rätsel dieser Erde an den Kragen. Im Gegensatz zu Radioaktivität und Relativitätstheorie war der Rucksacktourist eine unbekannte Materie. Damit ist Schluss, er ist gründlichst analysiert. Die Titel der Forschungsarbeiten lauten unter anderem: *Aspekte des Alternativtourismus vor dem Hintergrund politischer Steuerung und sozio-kulturellen Wandels* von Günter Spreitzhofer oder *Globality. Eine Ethnografie über Backpacker* von Jana Binder. Die weiß Bescheid, sie war früher selbst mit dem Rucksack unterwegs.

Und es sieht nicht gut aus. Viele Wissenschaftler kommen nämlich zu dem Schluss, dass die verschwitzten Jungvölker, diese ungeduschten Sprösslinge des Bildungsbürgertums und milchgesichtigen »Interrail«-Teenies, bei weitem nicht den »sanften Tourismus« pflegen, den sie vorgeben. In naiver Blauäugigkeit bahnen sie dem Massentourismus den Weg, sie sind die Straßenbauer für Neckermann und Co., sind der Alltours-Schneepflug.

Susi kommt aus Mülheim an der Ruhr oder auch aus Freilassing, sie hat Abitur und große Zukunftspläne, aber kein Geld. Sie hat die Bewerbungsschreiben hinter sich und möchte die Welt erkunden. Ein paar Wochen mit Birkenstocks in Billighotels absteigen und Abenteuer erleben. Denn das angestrebte Berufsziel sieht anders aus: Kostüm, Pumps und unzählige Nächte in den Businessabsteigen in Messenähe. Natürlich nicht als einfache Vorzimmersekretärin, sondern schon als Referentin für Naturschutz in einem weltweit operierenden Chemiekonzern, schließlich hatte man Englisch im Leistungskurs und Spanisch im Nebenfach. Sie kann sich einen Job als Projektmanagerin in der Entwicklungshilfeabteilung von BASF vorstellen, die sich hinterher um die Menschen kümmert, die man zuvor vergiftet hat. Auf jeden Fall: Gutes tun und dabei gut verdienen. Da reicht schon ein Verwaltungsposten im ersten Bioatomkraftwerk der Welt. Kurzum: Karriere, aber mit Öko. Möglichst mit variablen Vergütungen, damit Weihnachten für das Schulprojekt in Nepal gespendet werden kann.

Aber jetzt geht es noch mal raus an die frische Luft Arabiens. Als Begleiterin gewinnt sie die beste Freundin, die nach der gemeinsamen Reise nicht mehr die beste Freundin sein wird, weil sie entweder in den *Lonely Planet* Eselsohren reinmacht oder zu viel mit Ahmed flirtet. Oder beides.

Sie suchen sich den Jemen aus. Die Mama findet es toll, der Papa würde ihr lieber einen Bildband über das Land schenken, da der sich in seinen schlimmsten Albträumen schon mit dem fies grinsenden arabischen Schwiegersohn über das Rasenmähen streiten sieht. Susi und ihre Freundin verbringen ganze Nächte im Internet, um die billigste Flugverbindung herauszufinden. Bei 185 Euro schlagen sie zu. Der Flug geht leider nicht direkt und dauert etwas länger, da man bei den Zwischenlandungen in Lissabon und Taschkent etwas Aufenthalt hat und in Tiflis erst ab 6 Uhr früh wieder Starts erlaubt sind.

Nach 98 Stunden Billiganreise stehen die beiden erschöpft, aber glücklich in Sanaa, der Hauptstadt des Jemen. Und sie kennen sich sofort aus, denn sie haben den *Lonely Planet* dabei.

Lonely Planet ist das Synonym für: Wir reisen auf eigene Faust und sind näher am Einheimischen dran als ihr blöden Pauschaltouristen. Der gleichnamige Verlag sitzt in Australien und gibt seit 1973 die berühmten Reiseführer mit den praktischen Tipps heraus, Auflage über 50 Millionen. Das Zielpublikum war von Anfang an klar: junge Menschen mit kleinem Reisebudget, die gerade noch so viel Kohle übrig haben, sich die *Lonely Planet*-Bibel zu kaufen. Inzwischen gehört der Verlag dem BBC-Konzern, die Gründer sind Millionäre, es gibt einen gleichnamigen TV-Sender, Bildbände und etliche Merchandising-Produkte für die spießige Seele des Alternativtouristen. Ein Tiefschlag gegen das Saubermannimage des *Lonely Planet*-Verlags war es, als herauskam, dass der Kolumbien-Reiseführer von einem Autor verfasst worden war, der noch nie einen Fuß in das südamerikanische Land gesetzt hatte.

Der Jemen ist arm und damit ein ideales Reiseziel für die jungen Menschen mit dem »Internationalen Studentenausweis«. »Stell dir vor, ein Mittagessen für 80 Cent!« Susi und ihre Freundin werden unter Mückenstichen und Durchfall leiden, aber großartige Begegnungen haben. Meistens mit anderen Rucksacktouristen. Backpacker wohnen alle im selben Hotel, gehen alle in dieselben Restaurants, fotografieren dieselben

Dinge und erzählen in der Heimat begeisterter von den Diskussionen mit dem britischen Philosophiestudenten als von dem jemenitischen Facharbeiter aus der Papierfabrik. Den trifft man nämlich nicht. Backpacker sind zwar für alles offen, aber sie bewegen sich in einem kleinen Kreis von Einheimischen. Da ist der Mann, der seit 18 Jahren an der Moschee Silberschmuck verscherbelt, dann der Junge, der vorgibt Englisch zu studieren, aber im Hotel nur den Müll entsorgt, und dann noch die alte Frau mit den hennaverzierten Händen am Bab al-Jaman, die Weihrauch verkauft (da nimmt Susi auch welchen mit, denn so steht's im *Lonely Planet*). An Lehrer, Bankdirektoren, Fußballspieler, Ärztinnen, Juristen und Plantagenarbeiterinnen, also an das breite Spektrum einer Gesellschaft, kommt der Individualreisende nicht ran. Das will er auch gar nicht, denn zum Individualreisen gehört nicht die Normalität, sondern die Exotik. Dort zu sein, wo zuvor noch nie jemand war. Susi & Co. latschen also von Geheimtipp zu Geheimtipp, die alle längst keine Geheimtipps mehr sind, seit sie im ersten *Lonely Planet* standen und täglich um 14 Uhr sogar der Neckermann-Bus seine Leute dort ausspuckt. Beispielsweise links vor dem Bab al-Jaman, wo der versteckte Eingang zur alten Ölmühle liegt. Im schummrigen Keller des Hauses zieht seit Abrahams Zeiten ein Kamel mit verbundenen Augen seine endlosen Kreise um den altertümlichen Steinbottich. Biblisch! Aber bereits von so vielen Individualisten besucht und fotografiert, dass sich der Kamelbesitzer vom Bakschisch längst ein schickes Auto gekauft hat.

Susi bestaunt die berühmten jemenitischen Hochhäuser aus gestampftem Lehm und all die anderen Sehenswürdigkeiten und erkundigt sich, ob und wie man aufs Land und in die Berge fahren kann. Doch das wird immer schwieriger. Ja, das mit den Entführungen bereitet dem Jemen große Sorgen. Anfangs war es ein eher harmloses Spiel, als vermummte Straßenräuber die Touristenjeeps stoppten und von den westlichen Botschaften Lösegeld für ihre Geiseln forderten. Es wurde gezahlt, und die Leute kamen frei. Inzwischen kommen aber immer mehr Menschen bei Entführungen und den folgenden kläglichen Befreiungsversuchen ums Leben. Ganze Stammesgebiete sind nun abgeriegelt, unzählige Straßensperren zwingen zur Umkehr.

Zu Hause ist Susis Papa besorgt. Nicht wegen der Entführungen. Aber ein Tennisspezl hat ihm beim letzten Match gesteckt, dass er selbst früher Backpacker war und die *Lonely Planet*-Reiseführer deshalb liebte, weil dort genauestens die besten Gelegenheiten beschrieben waren, wie man in dem Land günstig und gefahrlos an die Drogen komme. Hihi.

»Und da lacht der auch noch drüber!«

Ohne Zweifel hat der Jemen mehr zu bieten als 83 verschiedene Weihrauchsorten, die schon die Römer auf der sogenannten Weihrauchstraße am Roten Meer entlang nach Norden exportierten. »Arabia felix«, glückliches Arabien, nannten die Römer auf ihren Landkarten dieses Fleckchen Erde. Mit dem Glücklichsein war es nicht weit her. Irgendein Gemetzel war immer. Die vor den Römern geflohenen Juden (70 n. Chr.) gründeten ein jüdisches Reich, das von Äthiopien aus erobert wurde. Äthiopien war christlich, also musste man sich religiös umorientieren. Doch schon kamen die Perser und überrannten den Jemen (ab 570 n. Chr.), anschließend die Araber, in der Neuzeit die Briten, die Kommunisten, die Amerikaner und seit einiger Zeit die Terroristen, die sich in den Bergen verschanzen. Der Präsident, der vorgibt Demokratie zu praktizieren, ist 2011 über 30 Jahre im Amt. Im arabischen Frühling wird er bei einem Bombardement verletzt und nach Saudi-Arabien ausgeflogen. Europa mischt sich nicht ein. Man will es sich dort mit niemandem verderben, schließlich liegt der Jemen am strategisch wichtigen Eingang des Roten Meeres und direkt gegenüber von Somalia, dem Öltanker-Entführungsland Nummer 1. Da nimmt man es eben hin, wenn die bestialische Beschneidung von kleinen Mädchen weiterhin als sogenannte Tradition gepflegt wird oder wenn die Zwangsverheiratung wieder einmal für internationale Schlagzeilen sorgt.

CNN freute sich über die Einschaltquoten, als die zehnjährige Nojood interviewt wurde. Das tapfere Mädchen hat die Scheidung eingereicht, nachdem sie im Alter von neun Jahren von ihren Eltern verkauft und verheiratet worden war, wo angeblich noch niemand vorhersehen konnte, dass sie ihr freundlicher Bräutigam täglich schlagen und vergewaltigen sollte. Im Jemen werden eben noch uralte Bräuche gelebt.

Susi interessiert sich auch für uralte Bräuche. Nicht die menschenverachtenden, aber für all die anderen fremden, wilden und exotischen. Eine füllige Jemenitin hockt im Staub der Straße und knetet den Teig für das Fladenbrot. Was für ein Fotomotiv! Und die Massentouristen werden auch fotografiert, damit man sieht: Das sind die Bösen. Der Backpacker versteht sich selbst ja nicht als Tourist, sondern als Einheimischer mit Familienanschluss. »Und stell dir vor, die haben am Abend die Küche freigeräumt, und da konnten wir schlafen.« Da spielt es keine Rolle, dass die jemenitische Bauernfamilie ihre Küche täglich den vorbeikommenden Rucksackreisenden zur Verfügung stellt und aus der arabischen Gastfreundschaft längst eine Pension Garni geworden ist, von der sich ganz gut leben lässt.

Aber man muss mit dem Rucksackreisenden auch Mitleid haben. Ist es nicht abgrundtief verachtend und böse, dass sich die Bezeichnung für den »Backpacker« ausgerechnet von einem Gepäckstück herleitet? Wer will denn schon nach seinem Koffer heißen? Es heißt ja auch nicht »Samsoniteler« oder »Aktenkoffler«.

Als Jana Binder ihre Doktorarbeit über die Massenindividualisten fertig hatte, war die Neugier groß. *Die Zeit* führte ein Interview mit ihr und wollte wissen, was der Begriff »banana pancake trail«, auf dem sich alle Backpacker bewegen, bedeutet.

Binder: »In den meisten Hotels der Erde gibt es nichts Süßes zum Frühstück. In den Backpacker-Hotels bieten sie als Ersatz eben Bananenpfannkuchen an. Den Begriff vom ›banana pancake trail‹ hat der Kulturwissenschaftler John Hutnyk geprägt, der in einer Studie den Vorwurf erhebt, Backpacker hielten sich für bessere Menschen, reisten aber nur ihren Pfannkuchen nach und sind beleidigt, wenn sie keine bekommen.«

Martin Buber

Wo: Palästina
Wann: ab 1938
Warum: Überleben

Der Staat Israel ist sehr, sehr klein. Das Land ist sogar kleiner als Hessen. Aber es ist berühmt. Jeder kennt den Davidstern, die El Al, das Tote Meer und den Tempelberg. Und selbst wer überhaupt nichts darüber weiß, hat wenigstens eine Meinung dazu. Die Geschichte Israels ist jedem geläufig und geht so:

Die Nazis haben die Juden verfolgt. Deswegen sind die nach Palästina geflüchtet. Dort haben sie mit vorgehaltenem Revolver die Araber aus ihren Häusern verjagt und sich darin breitgemacht. Nach dem ersten koscheren Frühstück im geraubten Heim haben sie sich zur jüdischen Weltverschwörung verabredet und, hochgerüstet von den amerikanischen Freunden, die arabischen Nachbarstaaten überfallen. Das Ganze heißt Zionismus und ist eine ständige Bedrohung für die Welt und die Araber. Genauso war's – eben nicht.

Als Martin Buber im März 1938 nach Palästina flieht, gibt es noch kein Israel. Er marschiert auch nicht mit Kampftruppen ein, sondern mit Flüchtlingen, die mit wenigen Habseligkeiten an Land gehen. Die neue Heimat im Orient ist weniger das Gelobte Land als die pure Rettung aus der Nazihölle. Die

Schiffe Richtung Jaffa oder Haifa fahren in Triest, Genua, Bari oder Marseille ab. Allein der Weg dorthin ist gefährlich, strapaziös und mit einer Unmenge an Bürokratie gepflastert. Und die kostet Geld. Unmenschliche Steuern und frei erfundene Gebühren fallen noch in Deutschland an. »Je ärmer und damit belastender für das Einwanderungsland der einwandernde Jude ist, desto erwünschter ist die Wirkung im deutschen propagandistischen Interesse.« Diese Zeilen verschickt das deutsche Auswärtige Amt an seine Behörden.

Wem von den Auswanderern noch etwas an privatem Besitz geblieben ist, hat für seinen geretteten Hausrat einen »Lift« dabei. »Lift«, so heißen die begehbaren Container aus Holz, die oft als Frachtgut hinterhergeschickt werden. In Tel Aviv werden diese dann von den Inhabern teuer ausgelöst. Wer zu diesem Zeitpunkt kein Geld mehr hat, kann sein eigenes Hab und Gut nicht einmal mehr abholen, obwohl es in Reichweite ist. Wer doch noch Geld hat, seinen »Lift« vom Zoll auszulösen, aber danach keines mehr für Haus oder Wohnung, zieht mit der ganzen Familie in seinen eigenen Frachtcontainer. Jahrzehnte danach kann man in israelischen Vorgärten noch diese »Lifte« sehen, die inzwischen als Schuppen oder Stall genutzt werden.

Auf den Schiffen wird das »Bord-Merkblatt für die Ankunft in Palästina« verteilt. Wo geht man zuerst hin, wo bekommt man Arbeit, wo wird Deutsch gesprochen und so weiter. Und wieder Gebühren: Steuern, Ausbootungskosten, um überhaupt vom großen Schiff mit kleineren Booten an Land zu kommen, Lager- und Transportgebühren. Dann beginnt die Odyssee, vom Gesundheits-Departement, das ohne »weiße Karte«, für die man eine Privatadresse in Palästina benötigt, nicht zu passieren ist, hinüber zur Zollrevision, dann die vorgeschriebene Fahrt nach Tel Aviv, um sich endgültig anzumelden. Das alles mit Sack und Pack, der ganzen Familie, nach tage- oder wochenlangen Reisestrapazen. Und in dem Wissen, dass das Leben, das man bisher geführt hat, Vergangenheit ist.

»Zähigkeit«, »Opferwille«, »Verantwortungsgefühl«, »Anpassungsfähigkeit« werden von den Neuankömmlingen verlangt. Das sind markige deutsche Begriffe, die an die Machthaber in der alten Heimat erinnern und manche erschrecken. Mit bangen Gefühlen schauen die Geretteten auf die sich nähernde palästinensische Küste und sehen als Erstes – die Hakenkreuzfahne. Sie weht vom Dach der deutschen Vertretung in Jaffa.

Martin Buber ist 60 Jahre alt, als er nach Jerusalem auswandert. Der geborene Wiener war Professor an der Johann Wolfgang Goethe-Universität in Frankfurt am Main, die von den Nazis als »jüdisch-marxistisch« verunglimpft wurde. Buber legte seine Professur nach der Machtergreifung 1933 nieder. Zwei Jahre später entzieht man ihm endgültig die Lehrerlaubnis. 1938, in der sogenannten Reichskristallnacht, wird sein Haus verwüstet und geplündert. Die zurückgelassenen Möbel und die Bibliothek sind für immer verloren. Es sei denn, sie sind in einem deutschen Hausrat aufgegangen. Denn so manches Ölgemälde, der ein oder andere Kerzenständer, Porzellan und Besteck, das Opa hinterlassen hat, stammt ja nicht aus deutschem Familienbesitz. »Es war doch Krieg, mein Kind, du weißt schon …«

Ein Religionsphilosoph beschäftigt sich mit Dingen, von denen die meisten Menschen nichts verstehen und auch nichts verstehen wollen. Sozialpsychologie oder das theoretische Prinzip des Dialogs mit Gott ist nicht das, worüber man schon beim Frühstück intensiv nachdenkt. Aber Martin Buber war nicht nur Philosoph und Theoretiker. Zusammen mit dem Historiker und Philosophen Franz Rosenzweig, der seit 1922 an einer totalen Bewegungs- und Sprachlähmung litt und sich nur noch über die Augen verständigen konnte, übersetzte er *Die Bibel* neu. Sie stehen damit in einer Reihe der berühmtesten

Bibel-Übersetzer. Der heilige Hieronymus hat die *Bibel* aus dem Altgriechischen ins Lateinische übersetzt, und über tausend Jahre später übertrug Martin Luther das riesige Schriftwerk in die deutsche Sprache.

Ab dem Jahr 1925 erscheint Buber-Rosenzweigs »Neuverdeutschung«. Die beiden Übersetzer konnten Hebräisch, und so versuchten sie, den Ausdruck und die Besonderheit der 2000 Jahre alten Sprache ins Deutsche zu übertragen. Es gibt zwar viele Menschen, die mit einem Wortschatz von höchstens 100 Begriffen durch das Leben kommen und deren tägliche Lektüre über den Lebenslauf des Mädchens von Seite eins nicht hinauskommt: »Anschi, Steuerfachgehilfin, ich mag es auch mal hart.« Aber für alle anderen, die sich an schöner Sprache erfreuen können, gehört die Bubersche *Bibel*-Übersetzung zur Pflichtlektüre. Darin klingen die berühmten Anfangszeilen der Heiligen Schrift schon etwas anders als gewohnt, archaischer, fremder, aber auch stimmungsvoller:

»Im Anfang schuf Gott den Himmel und die Erde.
Der Erde aber ward Irrsal und Wirrsal.
Finsternis über Urwirbels Antlitz.
Braus Gottes schwingend über dem Antlitz der Wasser.«

Martin Buber ist einer der wenigen, die in der neuen Heimat ihren ursprünglichen Beruf ausüben können. Der jüdische Schuhmacher aus Heilbronn wird in Zukunft Ziegen züchten müssen. Der Anwalt aus Regensburg, der erst mühsam Hebräisch lernen muss, wird im besten Fall Bürgermeister einer neuen Siedlung. Die Ärztin leitet die neue Schule, und der ehemalige Opernsänger betreibt einen Imbissstand am Hafen. Sie haben alles zurückgelassen. Die Heimat, die Freunde, Familienangehörige. Viele von denen wollten nur noch ein paar Kleinigkeiten regeln und bald nachkommen. Dazu kam es nicht, die Gestapo kam dem zuvor. Der ganz normale deutsche Alltag, an dem man seit Generationen beteiligt war, der Besuch im Schauspielhaus, der wöchentliche Familienausflug an den See, die jährlichen Feste in der Schule – für immer vorbei. In den neuen Siedlungen in Palästina gilt es schon als Sensation, wenn die Hauptstraße mit Asphalt überzogen wird. Im Sommer stinkt es nach Schaf, Ziege und fauligem Obst.

Wer keine Verwandten in Palästina hat, kommt unvorbereitet an. Feine Damen steigen aus den Schiffen, mit Hut und Stöckelschuhen, Herren mit Gehstock staksen plötzlich im knöcheltiefen Sand. Kinder tragen kurze Lederhosen, darüber den Wintermantel, man wusste ja nicht genau, wird es heiß oder kalt.

In der Religion war man sich nur oberflächlich einig. Jüdisch, ja. Aber wie jüdisch genau? Manche Familien waren wenig religiös, andere bewegten sich wegen des Sabbats gar nicht vom Schiff und warteten, bis es ihnen wieder erlaubt war, am normalen Treiben teilzuhaben. Von Martin Buber ist ein Zitat überliefert: »Alle Reisen haben eine heimliche Bestimmung, die der Reisende nicht ahnt.«

Für den Auswanderer gab es lange Zeit nur ein Ziel: USA. Aber in den zwanziger Jahren begrenzten die Amerikaner die Zuwanderung. Nur noch ein Bruchteil der europäischen Exilanten wurde eingelassen. Zudem wurde Palästina, das seit dem Ersten Weltkrieg britisches Mandatsgebiet war, immer attraktiver. Seit Ende des 19. Jahrhunderts gab es mehrere Einwanderungswellen, zumeist ausgelöst durch Pogrome in der Heimat. Nach und nach entstanden immer mehr jüdische Siedlungen. Tel Aviv beispielsweise wurde 1909 gegründet.

Im Jahr von Bubers »Einwanderung«, so nannte er selbst seine Flucht, verließen ungefähr 40 000 deutsche Juden den Nazistaat und versuchten ihr Glück in Palästina.

Dort herrschten kriegsähnliche Zustände. Der arabische Aufstand, dem schon einige vorangegangen waren, dauerte von 1936 bis 1939. Militante Araber hatten bei Nablus einen

Autokonvoi überfallen und zwei Juden umgebracht. Im Rahmen der Trauerfeierlichkeiten gab es antiarabische Demonstrationen und antijüdische Gegendemonstrationen. Die britische Polizei errichtete Straßensperren, inhaftierte auch Unbeteiligte. Die Araber riefen zum Generalstreik auf. Die Aufständischen waren gut bewaffnet, sie zerstörten Straßen und Zufahrtswege mit Minen, unterbrachen die Telefon- und Telegrafenleitungen, zerbombten mehrmals die Ölpipeline. Heckenschützen schossen auf Passanten. Die Araber verlangten von den Briten eine arabisch dominierte Regierung, das Ende der jüdischen Einwanderung und das Verbot, weiterhin Land an Juden zu verkaufen. Der von den Briten mehrfach verurteilte Mufti von Jerusalem, Muhammad Amin al-Husseini, streute das Gerücht, dass Juden moslemische heilige Stätten zerstört hätten. Zusammen mit Adolf Eichmann, zu dem er gute Beziehungen pflegte, plante er die Ausrottung der Juden im ganzen Nahen Osten. Eichmann reiste dazu persönlich mit einigen SS-Offizieren nach Palästina.

Trotzdem trat Martin Buber immer wieder in die Öffentlichkeit und forderte seine Landsleute auf, ein friedliches Auskommen mit den Arabern zu versuchen. Vergeblich. Die Juden flüchteten zu den Juden, die Araber zu den Arabern. Die endgültige Teilung der Bevölkerung hatte begonnen.

Wer heute in einem arabischen Land eine Landkarte kauft, die das Gebiet des Nahen Ostens umfasst, wird überrascht sein, dass Israel meist nicht eingezeichnet ist. Auf syrischen Karten prangt dort in kindischer Hartnäckigkeit ein weißer Fleck. Falls an dieser ominösen Stelle der Erde doch so etwas wie ein Land verzeichnet ist, heißt es Palästina. Israel mit einer Einwohnerzahl von über sieben Millionen Menschen ist nicht existent. Und soll auch nie eine Existenzberechtigung haben, wenn es nach den arabischen Ideologen geht. Und doch: Israel gehört zu Arabien.

Seit 1948 werden drei arabisch-israelische Kriege gezählt. Man zählt nur die großen, die unzähligen kleineren militärischen Auseinandersetzungen fallen schon gar nicht mehr ins Gewicht. Schon während des ersten Krieges zerbarst die palästinensische Bevölkerung in alle Himmelsrichtungen. Die Familien flüchteten oder wurden auf brutale Weise von bewaffneten Israelis aus ihren Wohnungen vertrieben. Tel Aviv hatte zu Beginn des Krieges noch 65 000 palästinensische Einwohner, am Ende noch 5000. Ein umfassender Friede ist bis heute nicht in Sicht.

Nicht nur in Arabien, auch bei uns ist das Verhältnis zu Juden nach wie vor gestört. Der vorhandene Antisemitismus wird hinter der so oft berechtigten Kritik am Staat Israel versteckt. Die Unwissenheit über die historischen Tatsachen und die Verbreitung der nebulösen Vorurteile sind der Dünger für Ausgrenzung und Ablehnung. Ein skurriles Beispiel dafür:

In Bad Kissingen gibt es einen katholischen Vortragsabend über die Geschichte der Stadt. Hauptthema ist die ehemalige jüdische Gemeinde. Der Vortragende erzählt auch von der Herstellung der Pessach-Brote und behauptet unwidersprochen, dass die Juden zum Backen einen Tropfen Christenblut benötigen.

Diese haarsträubende Geschichte aus dem Mittelalter geschah im Oktober 1983.

Martin Buber musste das nicht mehr miterleben. Er starb 1965 in Jerusalem. Er kannte das Leben. Er war ein Kleinkind von drei Jahren, als sich seine Eltern scheiden ließen, er selbst heiratete eine Katholikin. Die Vertreibung und der Neubeginn in Palästina hat ihn nicht zerstört, er lehrte, forschte und veröffentlichte weiter. Und Buber versuchte, seinen Studenten neben dem Lehrstoff auch Lebensweisheit mitzugeben:

»Der Ursprung allen Konflikts ist, dass ich nicht sage, was ich meine, und nicht tue, was ich sage.«

Bastian Schweinsteiger

Wo: Katar
Wann: Winterpause
Warum: SMS schreiben

Im Sommer flaniert der Araber mit seiner Sippe und ein paar Kilo Bargeld durch die Münchner Maximilianstraße, im Winter machen wir den Gegenbesuch. So pflegt die menschliche Zivilisation über Kontinente hinweg ihre Freundschaften. Leider fehlt den meisten von uns für eine echte Vertiefung der Freundschaft mit einem Öl-Araber das nötige Kleingeld. Das macht aber nichts, denn wir lassen uns vertreten. Wir schicken Schweini. Natürlich nicht allein. Einmal im Jahr zieht nämlich der FC Bayern aus seiner legendären Säbener Straße aus und zieht um nach Katar.

In dem kleinen Emirat ist es erfahrungsgemäß im Winter wärmer, und in der Säbener Straße kann endlich einmal richtig durchgewischt werden. Der Verein mit den roten Trikots nennt diesen Ausflug nach Arabien, schwere Arbeit vortäuschend, FCB-Trainingslager.

Alle sind dabei. Der Coach, der Co-Coach, der Assistent vom Co-Coach, dazu der Mannschaftsarzt mit mobilem Operationssaal, ein Masseur für den linken Fuß, ein anderer für den rechten, die Sockenbügler, Schuhputzer, Autogrammkartensortierer und für das lebensnotwendige Fußballerspielzeug wie Laptop, Handy, iPod, iPhone, SmartPhone und Tablet-PC das entsprechende Ladegerät-Service-Personal. Ach so, die Fußballmannschaft ist natürlich auch dabei.

Nachdem alle Jungs ihre Hotelzimmer belegt haben und frisch geduscht dem örtlichen Oberscheich vorgestellt worden sind, wird trainiert. Das muss sein, weil der FC Bayern Meister werden will oder Pokalsieger oder irgendetwas anderes. Und wie üblich sagte der Pressesprecher vor der Abreise noch so etwas wie, dass es nun Zeit werde, dass im Verein wieder etwas Ruhe einkehre. Das nimmt selbstverständlich niemand ernst. Denn der FC Bayern lebt nun mal nicht von der Ruhe, sondern vom Zickenkrieg. Da wird intrigiert und geschimpft. Präsident gegen Trainer, Trainer gegen Spieler, Spieler gegen Mannschaftskapitän, Fans gegen Vorstand, Vorstand gegen Fans und so weiter.

Bastian Schweinsteiger steht seit dem Jahr 2002 bei den Bayern unter Vertrag. Er stammt wie sein berühmter Fußballerkollege Paul Breitner aus Kolbermoor am Nordrand der bayerischen Alpen. Der kleine Ort war nach dem Ersten Weltkrieg ein Zentrum der kommunistischen Räterevolutionäre. Womöglich hatte Breitners antikapitalistische Gesinnung dort ihre Wurzeln. Über Schweinsteiger wiederum ist nicht bekannt, dass er sich jemals zu Politik geäußert hätte. Doch als Angela Merkel einmal überraschend in der Mannschaftskabine des deutschen Teams auftauchte, hat er sie sogar erkannt.

Schweinsteigers Aufstieg von einer Dorfjugendmannschaft in das Nationalteam darf man getrost als Karriere bezeichnen. Die Herausforderungen sind dort natürlich andere. Er muss plötzlich die Nationalhymne beherrschen und ein paar Brocken Englisch. Das geht nicht immer gut.

Die Reise des FC Bayern nach Arabien ist ein Ritual, das von den Fans ohne Murren akzeptiert wird. Das Fußvolk taut sich seine Stehplatzfrostbeulen in den eigenen vier Wänden auf, damit es für die Rückrunde wieder fit ist, während die Stars in die Sonne jetten. So ist das eben in der harten Welt des Fußballs. Die Kosten für den Verein sind verschwindend gering, da der Luxustrip in die Wüste alleine durch die Weihnachtsgeschenke finanziert werden könnte. Über 30 Millionen Euro fließen durch den Verkauf von FCB-Trikots, FCB-Schlüsselanhängern, FCB-Handtüchern, FCB-Kondomen und FCB-DVDs auf das Konto der Aktiengesellschaft FC Bayern. Die Jahreskarten sind da noch gar nicht eingerechnet. Zehn Prozent des Vereins gehören Adidas, 6,5 Prozent Audi, da kann man schon mal die größeren Hotelzimmer buchen.

Das kleine arabische Land ist nicht als Fußballmekka bekannt. Falknerei und Kamelrennen sind populärere Freizeitbeschäftigungen. Mario Basler und Stefan Effenberg waren mit die ersten europäischen Fußballspieler, die für längere Zeit in Katar spielten. »Es gab ordentliches Geld. Aber die Kataris haben im Spiel nur getreten, die Schiedsrichter hatten von Tuten und Blasen keine Ahnung, schrecklich. Fußball hat eh keinen interessiert, wir hatten oft 1000 bis 2000 Zuschauer«, erzählte Basler im Interview. Einmal war das Stadion ausverkauft. Doch nur, weil jeder Zuschauer automatisch an der Verlosung von Autos und kompletten Kücheneinrichtungen teilgenommen hat.

Kürzlich ist das Emirat zum arabischen Fußballland Nummer eins geworden. Im Jahr 2022 wird dort die Fußballweltmeisterschaft ausgetragen. Selbstverständlich ist es bei der Auslosung mit rechten Dingen zugegangen. Das hat uns glaubwürdig der FIFA-Präsident Sepp Blatter persönlich versprochen. Und die Kataris versprechen auch, dass sie das mit der Hitze in den Griff bekommen werden. Die Angst der Weltfußballer vor den 50 Grad im Schatten sei überflüssig, die Stadien würden nämlich zu riesigen Kühlschränken umgebaut, sodass die Spiele unter gewohnt angenehmen europäischen Temperaturen ausgetragen werden können. Die Aufträge dafür sind schon vergeben: an deutsche Architekturbüros. Um die Fans zwischen den Stadien hin- und herzuschieben, ist eine U-Bahn geplant. Ob tatsächlich jemand vom eigenen Auto auf öffentliche Verkehrsmittel umsteigt, ist bei den katarischen Spritpreisen kaum zu erwarten. Der Liter Benzin kostet derzeit 15 Cent.

Bastian Schweinsteiger wird 2022 aller Voraussicht nach nicht mehr zu den Aktiven gehören. Aber bis dahin kann er die Vorzüge des Emirats noch im Trainingslager genießen. Falls ihm nicht die ewig gleichen Pressetermine den letzten Nerv rauben. Jedes Jahr muss er zur selben Zeit in weißen Socken, Adiletten, Turban und weißem Beduinennachthemd rauf aufs Kamel. Beim Aufstehen schleudert es ihn vor, dann wieder zurück. Das Tier rülpst, Schweini grinst. Fotografen machen Bilder.

Anschließend fährt der Pulk mit zur Falkenjagd, der traditionellen Freizeitbeschäftigung derjenigen unter den Arabern, die sich ihren Tageslohn nicht mit normaler Arbeit verdienen müssen. Allen Tierliebhabern, denen die Greifvögelchen leidtun, sei gesagt, dass die Falknerei, auch Beizjagd genannt, vor Kurzem in die »UNESCO-Weltliste des immateriellen Erbes der Menschheit« aufgenommen wurde.

In den Redaktionssitzungen der Münchner Tageszeitungen gibt es jeden Januar dieselbe Diskussion um das Trainingslagerfoto aus Katar: Schweini auf Kamel oder Schweini mit Falke?

In den Redaktionsräumen Katars spielt der Aufenthalt der Bayernspieler nur eine untergeordnete Rolle. Das Hauptaugenmerk liegt auf den Weltnachrichten. Seit 1996 sendet »Al-Dschasira« aus Doha, der Hauptstadt Katars. Scheich Hamad bin Chalifa at-Tani hat den Sender gegründet, nachdem der arabische BBC-Ableger von der saudi-arabischen Regierung zensiert worden war und aufgab. Da bis dahin in den meisten arabischen Staaten nur regierungstreue Propagandanachrichten liefen, stieg der weitgehend unabhängige Sender »Al-Dschasira« kometenhaft auf. Wer sich eine ausführliche Berichterstattung über die arabische Welt wünscht, kommt an »Al-Dschasira« nicht vorbei. So lief zum Beispiel das einzige Interview, das Osama bin Laden nach dem Terror des 11. September gab, auf »Al-Dschasira«.

Inzwischen setzt man im Sender aber auch auf weniger spektakuläre Sendungen: Knapp 80 Folgen von unserem *Sandmännchen* waren auf Arabisch zu sehen.

Neben dem inzwischen berühmtesten arabischen Fernsehsender hat seit 2011 auch das oppositionelle Nachrichtenprogramm »Libya TV« in Katar seinen Sitz und berichtet das, was Gaddafi nicht zu sehen wünscht.

Bastian Schweinsteiger kann im Hotel natürlich deutsches Fernsehen schauen. Aber dafür hat er kaum Zeit, da er viel lieber am Handy spielt. Oder Musik von iTunes downloadet, und sie womöglich auch anhört. Diese Leidenschaften gehören zu seinen Vorbereitungsritualen, auch wenn es wie in Katar wieder bloß gegen die drittklassigen Saudis geht. Auf seiner Homepage verrät er noch mehr über seine Gewohnheiten vor dem Anpfiff eines Spiels:

»Der letzte und wichtigste Schritt meiner Vorbereitung: Bevor ich meine adiPure anziehe, feuchte ich die Sockenstutzen an. Der Socken wird so ein wenig dünner und gibt mir ein besseres Gefühl.«

Wow!

Herbert von Karajan

Wo: Baalbek
Wann: 1968
Warum: herumdirigieren

Ein Salzburger Auktionshaus versteigert im Jahr 2002 den Dirigentenstab und den Führerschein Herbert von Karajans. Schätzpreis 8000 Euro. Die Dinge stammen von einem Koch, der Karajan so lange hinterhergereist ist, bis er ihn bekochen durfte. Ob das Zurücklassen der Habseligkeiten für oder gegen das gereichte Menü spricht, weiß man nicht.

Egal wo Karajans Krimskrams auftaucht, es werden höchste Preise dafür erzielt. Karajan-Autogramme bekommt man bei E-Bay ab 20 Euro, Dieter Bohlen liegt bei 1,50. Denn nach wie vor ist Herbert von Karajan der gottgleiche Superstar der Klassikwelt und gehört zum festen Bestandteil eines deutschen CD-Regals. Bibi Blocksberg, Grönemeyer, Herbert von Karajan. Und wenn es nicht Bruckners Achte ist, dann wenigstens *Stille Nacht, heilige Nacht.* Als er im Juli 1989 stirbt, hat er an allen Opernhäuser dieser Welt dirigiert und dabei wahrscheinlich alle Konzerte und Opern, die jemals komponiert wurden, aufgeführt. In Salzburg gibt es einen Karajan-Platz und seit ein paar Jahren für 55 Cent eine Sonderbriefmarke. 300 Millionen Karajan-Schallplatten und -CDs wurden verkauft, und es werden nicht weniger. Am Ende blieb ein Vermögen von einer halben Milliarde Euro übrig. Für die einen ist er heute noch ein »Wunder«, für die anderen der »Nazi-dirigent«.

Jeder wollte ihn haben. Auch die Libanesen. Im Jahr der deutschen Studentenrevolte 1968 reist Herbert von Karajan mit den Berliner Philharmonikern nach Beirut, der Hauptstadt des Libanon am östlichen Rand des Mittelmeeres, damals das »Paris des Nahen Ostens« genannt. Von dort aus geht es ein paar Stunden weiter landeinwärts in die Bekaa-Hochebene zum Ruinengelände von Baalbek.

Das Bekaa-Tal im Grenzgebiet zu Syrien ist aus vielen verschiedenen Gründen berühmt geworden. Eingeweihte Gourmets wissen, dass dort die älteste Weißweinsorte der Welt angebaut wird, wer auf härtere Drogen steht, dem sagt eher der Begriff »Roter Libanese« etwas. In der Bekaa haben deutsche Soldaten im Ersten Weltkrieg ihre Regimentskasse »verloren«, ein Goldschatz, nach dem bis heute von vielen vergeblich gesucht wird, und in den Pferdekoppeln der Bekaa-Orte werden Araberhengste gezüchtet, die für Rekordsummen in die nobelsten Reitställe der ganzen Welt verkauft werden.

Eine unrühmliche Berühmtheit der Gegend sind die iranfreundlichen Hisbollahkrieger, die im wohlbegründeten Verdacht stehen, in ihren Verliesen israelische Gefangene zu verstecken.

Manch andere interessieren sich in dieser schönen Gegend nur für die antiken Steine. In Baalbek werden wohl schon immer die Götter verehrt. Steinzeit, Bronzezeit, Eisenzeit, egal wann. Die Tempel werden immer größer, die Steine immer höher aufgeschichtet. Und wie immer, wenn es im Mittelmeerraum um ansehnliche Tempelanlagen geht, haben auch die Römer ihre Hand im Spiel. Kaiser Augustus siedelt um das Jahr Null in der Bekaa-Ebene zwei ausgediente römische Legionen an. Damit sie sich dort nicht so verloren vorkommen, baut man auch gleich noch den Jupitertempel um. Die Überreste stehen bis jetzt, als größte noch existierende Tempelanlage der Antike. Und einmal im Jahr wird dort Musik gemacht, seit 1955 gibt es das »Festival International de Baalbek«.

In den fünfziger und sechziger Jahren galt der Libanon als die »Schweiz des Nahen Ostens«. Der Libanon war dafür berühmt, an ein und demselben Tage im Meer baden zu können und oben im Gebirge Ski zu fahren. Es gab Libanesen, die man weltweit respektierte, darunter Charles Habib Malik, der ein maßgeblicher Autor der »Allgemeinen Erklärung der Menschenrechte« war. Ein Araber!

Der amerikanische und europäische Jetset verkehrte an den Stränden um Beirut. Die Bilder von Marlon Brando und Frank Sinatra in Badehosen hängen Jahrzehnte danach noch im Fishing Club von Byblos. Die Bardot war da, Charles Aznavour mehrmals, und die Wahl zur schönsten Frau der Welt wurde auch im Libanon abgehalten. Da durfte Karajan nicht fehlen.

Mit »seinen« Berliner Philharmonikern wird er 1968 zum Baalbek-Festival eingeladen. In der geräumigen Tempelanlage werden mehrere Bühnen aufgebaut, Sitzreihen für das Publikum hochgezogen, Lampen installiert und Kabel verlegt. Bis zu 5000 Besucher können pro Abend dem sommerlichen Outdoorspektakel folgen. Der Mond bescheint die antike Szenerie, und auf der Bühne wechseln sich im Rahmen des Festivals arabische Musikstars mit Jazzgrößen ab. Sting, Ella Fitzgerald, und die *Carmina Burana*, Ballett und sinfonische Musik, Tanztheater und Kammermusik, die allsommerlichen Aufführungen bieten für jeden Geschmack das Richtige.

Herbert von Karajan ist schon 60 Jahre alt, als er in Baalbek den Taktstock hebt. Als Chefdirigent ist er verantwortlich für den Klang seines Orchesters, und der kann so schlecht nicht gewesen sein, heißt es über die Berliner Philharmoniker. Schließlich bleibt Karajan 34 Jahre in diesem Amt. Es ist das größte Geheimnis der Musikgeschichte, ob in seinem Arbeitsvertrag unzulässigerweise der Passus »auf Lebenszeit« stand oder nicht.

Die Musiker sind Staatsangestellte, also Cello-Beamte und Bürokraten-Bläser. Das Arbeitsklima unter Karajan ist rauer als im normalen Staatsdienst, denn wenn Karajan einen Sänger nicht leiden kann, schaltet er in den fünften Gang und hetzt alle durch das Programm. In Salzburg ist er geboren, wo denn sonst, und wird getauft auf den gewichtigen Namen »Heribert Ritter von Karajan«. Seine Vorfahren stammen aus Griechenland und heißen eigentlich Karojannis. Mit einem etwas anderen historischem Werdegang hätte Herbert genauso gut ein peloponnesischer Hirtenknabe werden können, der in Makedonien seine Schafe hütet, dazu ganz begabt volkstümliche Liedchen vor sich hin trällert und als Erwachsener einen Campingplatz für deutsche Wohlstandstouristen eröffnet. Es kam anders. Statt blökender Schafe stand ein flotter Porsche in der Garage, und seine Cessna und die Yacht bediente er selbst. Meist umgeben von Kameras und internationalen Paparazzi.

Technik faszinierte ihn. Perfekte Aufnahmen in Bild und Ton waren ihm ein ständiges Anliegen. Er produzierte die weltweit erste Rundfunkaufnahme in Stereo, im September 1944. Das haben allerdings viele Hörer nicht mehr mitbekommen, da ihr Volksempfänger schon lange unter den Bombentrümmern lag. Kriegsdienst musste Karajan nicht leisten, die Nazis hatten ihn auf ihre sogenannte »Gottbegnadetenliste« gesetzt. Überhaupt die Sache mit den Nazis. Vor der Wiener Entnazifizierungskommission sagte Karajan: »Man ist da so hineingetorkelt.« Ach so.

Eine Silbe des Karajanschen Bedauerns ist bis heute nicht aufgetaucht, aber das Auftrittsverbot wurde trotzdem schnell wieder aufgehoben. Die steile Nachkriegskarriere begann. Schließlich sei er erst 1935 in die NSDAP eingetreten, und da musste ja doch jeder irgendwie, nicht wahr …

Die Jahreszahl ist historisch richtig. Aber sie bezieht sich nur auf das Eintrittsdatum in Deutschland. In Österreich ist Karajan der NSDAP schon am 8. April 1933 beigetreten. Das war fünf Jahre vor dem sogenannten »Anschluss Österreichs«, und Hitlers Partei war im Nachbarland noch verboten. Karajan war also ein Illegaler. Das verschaffte ihm im Dritten Reich ein besonderes Ansehen. Was die Nazis unter dem Begriff Kultur verstanden, musste jedem sofort klar geworden sein. »Das ganze Kunst- und Kulturgestotter von Kubisten, Futuristen, Dadaisten usw. ist weder rassisch begründet noch völklich erträglich, es ist höchstens als Ausdruck einer Weltanschauung zu werten, die von sich selbst zugibt, dass die Auflösung aller bestehenden Begriffe, aller Völker und Rassen, ihre Vermischung und Verpanschung, höchstes Ziel ihrer intellektuellen Urheber und Führergilde ist …«

Als Hitler im September 1934 in Nürnberg diese Phrasen über die braune Horde hinwegbrüllt, gibt es in der deutschen Musikwelt schon keine Juden mehr. Kaum bekannt ist bis heute, dass nach der berüchtigten Münchner Ausstellung »Entartete Kunst« 1938 die Ausstellung »Entartete Musik« in Düsseldorf eröffnet wurde. Richard Strauss, der 1936 schon die Olympiahymne komponiert hatte, war maßgeblich an ihr beteiligt und sprach damit das Todesurteil über einige Kollegen. Im selben Jahr dirigierte Karajan als Gast zum ersten Mal die Berliner Philharmoniker. Im darauffolgenden Jahr ernannte ihn Hitler zum Staatskapellmeister. Endlich hatte man einen Nachfolger für diesen aufmüpfigen Furtwängler, der Hitler immer wieder widersprach, sich für Juden einsetzte, sogar »ihre« Musik spielte und, als reichte das alles noch nicht, auch noch krank wurde, als Hitler sich ihn an seinem Geburtstag als Dirigenten wünschte. Da hatte man mit Karajan weniger Probleme. Der spielte brav, was man wollte, schwang in Paris den Taktstock zum Horst-Wessel-Lied und kümmerte sich nicht um den Endsieg, sondern um die neue Stereoqualität. Nach den geltenden Nazigesetzen war Karajan zwar mit einer »Vierteljüdin« verheiratet, aber die enorme Prominenz schützte ihn und seine Frau vor jenen Nachstellungen, die andere in dieser

Familienkonstellation erleiden mussten. Als das Kriegsende naht, flattert plötzlich doch noch ein Einberufungsbescheid ins Haus. Nach einem Konzert flieht Karajan mit dem Flugzeug. Er und seine Frau verstecken sich, mittellos und auf der Flucht wie Millionen andere in dieser Zeit, in Mailand in einem italienischen Stundenhotel und in der Nähe des Comer Sees. Da ist es mit der Freundschaft Hitlers vorbei. Es wird nach ihm gesucht. Das Kriegsende rettet ihn. Noch bevor er in seine Heimat zurückkehrt, gibt er in Italien Konzerte.

Über 20 Jahre später reist er als Weltstar nach Baalbek. Es gibt wenige Unterlagen darüber. Karajan kehrt im historischen »Palmyra Hotel« ein, mit Blick auf die Ruinen, so viel weiß man. Kaiser Wilhelm war auch schon da. Wer heute dort absteigt, findet alles so vor, wie es damals war, nur etwas verfallener. Hat man ein wenig Geduld und ein bisschen Bakschisch übrig, kann man vielleicht noch eine der letzten Flaschen Rotwein erwerben, die man 1998 zum 100-jährigen Jubiläum der Orientreise des deutschen Kaisers in der Bekaa-Ebene produziert hat, ausschließlich für das »Palmyra Hotel«.

Über die anwesenden Gäste beim Karajan-Konzert gibt es nur Spekulationen. Neben den wohlhabenden Damen und Herren aus Beirut und Umgebung könnten ohne Weiteres etliche Deutsche unter den Zuhörern gewesen sein. Nach 1945 flüchteten viele Nazis über die Alpen in den Süden Europas und von da nicht nach Südamerika, sondern nach Arabien. Bis zum heutigen Tag gibt es in Damaskus und Beirut Cliquen alter Nazis. In den sechziger Jahren müssen es noch Dutzende gewesen sein. Und vielleicht waren sie froh über ein paar Stunden deutscher Musik in der arabischen Wahlheimat. Welch schreckliche Vorstellung: Karajan dirigiert in Baalbek und trifft dabei alte Bekannte. Womöglich hat man sich in Paris zum letzten Mal gesehen. Genau, Dezember 1940! Oder war es im Mai 1941? Auf jeden Fall: »Schön, sich wiederzusehen!«

Unser Gerd: Auslandskorrespondent

Wo: Tahrirplatz, Kairo
Wann: Frühling 2011
Warum: schön essen gehen

Ein früher Morgen in Deutschland: Jung und Alt stehen im Badezimmer, die Mamas werkeln in der Küche, und die Frühaufsteher stehen schon im Stau. Alle miteinander hören Radio. Es läuft das Guten-Morgen-Radio mit dem Gute-Laune-Programm, in dem das Guten-Morgen-Gaudi-Team die neuen Songs von Grönemeyer präsentiert und die alten von Lena oder umgekehrt. Aus aktuellem Anlass legen sie einen Oldie von Cat Stevens auf. Der Oldie darf aber auch nicht nur ein Oldie sein, sondern heißt »Golden Oldie« oder »Gute-Laune-Golden-Oldie«. Der Gute-Laune-Moderator erklärt uns, dass Cat Stevens schon lange zum Islam übergetreten sei, und die arabische Welt sei doch in diesen Tagen im Aufruhr, und irgendwie passe das doch ganz gut zusammen. Haha.

Cat Stevens und die Toten vom Tahrirplatz: total witzig, irgendwie. Wenn die Programmmacher ihr witziges Guten-Morgen-Programm zusammenstellen, denken sie sich was dabei. Was genau, weiß man nicht.

Damit uns im Verlauf des Vormittags im Büro, in der Schule oder im Kinderabgaberaum des Kindergartens der Gesprächsstoff nicht ausgeht, werden wir gefüttert mit den sogenannten »News«.

Da ist das Pärchen, das beim Sex in der Kirchenbank erwischt wurde, hihi, wie peinlich, und das süße Meerschweinchen, das zu fett ist und schielt, hihi, wie süß, und das Gewinnspiel. Kreischende Frauen freuen sich über die VIP-Karten zum Champions-League-Finale oder den Hubschrauberflug mit Heidi Klum.

Und dann kommt's: Wir sind live in Kairo. Demo am Tahrirplatz. Am anderen Ende der Leitung sitzt »unser Gerd«, der Auslandskorrespondent. Jetzt ist Schluss mit lustig. Denn: »In der Nacht waren Schüsse zu hören.«

Schüsse! Das ist der absolute Grusel!

Seit es die sogenannte Liveschalte zu Korrespondenten in Krisengebieten gibt, sind in der Nacht Schüsse zu hören. Eine Staatskrise, in der nachts keine Schüsse zu hören sind, ist keine Krise. Ohne nächtliche Schüsse keine Übertragung.

»Hallo, Gerd. Was kannst du uns über die Lage sagen?«

Die Wahrheit wäre: nichts.

Denn unser Gerd kennt niemanden, beobachtet nichts, und sein Wissen um die politischen Zusammenhänge ist eingeschränkt. Aber in der Nacht hat er Schüsse gehört.

Oliver Hahn, Julia Lönnendonker und Roland Schröder haben vor ein paar Jahren ein Buch geschrieben: *Deutsche Auslandskorrespondenten. Ein Handbuch.* Herausgekommen ist, dass es der Auslandskorrespondent unglaublich schwer hat. Die Heimat interessiere sich nicht dafür, welche Arabergruppe welche Absichten aus welchem Grund hat. Aber wenn Frau Präsident ihre 2000 Paar Schuhe aus dem von Revolutionären eingeschlossenen Präsidentenpalast rettet, darf man schon mal in die Hauptnachrichten. Außer der Bericht dauert länger als eine Minute 30. Denn für Nachrichten, die länger als 90 Sekunden dauern, sind wir zu blöd. Das ist zwar wissenschaftlich nicht bewiesen, aber der Chefredakteur glaubt es. Und noch mehr glaubt er an die sogenannte Quote. Eine »geile Quote« ist, wenn viele glotzen. Wenn niemand schaut, ist die Sendung weg.

Unser Gerd ist hin- und hergerissen. Mit seinem öffentlich-rechtlichen Honorar lebt es sich ganz gut in Kairo. Einmal im halben Jahr produziert er einen kleinen Beitrag für eine Sendung, die spät nachts gesendet wird und niemand schaut. Ansonsten hat er als deutscher Journalist permanent freien Eintritt ans Büfett, von der Einweihung der neuen Universität bis zum Empfang beim Minister für irgendwas. Und wenn er wieder einmal eine Meldung viel zu spät nach Deutschland übermittelt und alle schon längst wissen, was er jetzt endlich auch weiß, hat er immer eine gute Ausrede. Es ist ja Diktatur! Die Sicherheitsdienste hätten den Informationsfluss eingeschränkt, und die Leute auf der Straße trauten sich nichts zu sagen.

Um dieses Problem zu lösen, hat der Journalismus ein Wort erfunden: Recherche.

Plötzlich ist Demo in Arabien. Wer hätte das gedacht. Unser Gerd hat nun die Chance, berühmt zu werden und sich einzureihen in die großen Namen der Kriegsreporter. Peter Arnett, Ernest Hemingway, Peter Scholl-Latour und natürlich die unvermeidliche Antonia Rados. Wo Krieg ist, ist Antonia. Oder umgekehrt?

Sie war Frau des Jahres in Österreich und weiß, wie man mit Taliban Quote macht. Bereits im Ersten Weltkrieg gab es eine Frau im Männerberuf Kriegsreporter: Alice Schalek. Aber sie berichtete so kriegsverherrlichend, dass ihr sogar Karl Kraus in seinem berühmten Werk *Die letzten Tage der Menschheit* ein unrühmliches Denkmal setzte.

Ein Mann der ersten Stunde war auch Gerhard Konzelmann. 1968 wurde er als junger Mann, der sein Studium abgebrochen hatte, für die ARD Korrespondent in Arabien. Eigentlich wollte er Komponist werden, was dazu führte, dass er später seine Filmchen selbst vertonte. Über Jahrzehnte hinweg galt er neben Scholl-Latour als der absolute Experte für den Nahostkonflikt. Heute weiß man, dass er nicht halb so viel wusste, wie für eine seriöse Berichterstattung nötig gewesen wäre.

In den neunziger Jahren lernte ich in Damaskus einen jungen Mann kennen. Sehr gebildet und vielsprachig, aber eigentlich sollte er das Süßwarengeschäft seines Vaters übernehmen. Er fragte mich, ob ich »Gunzelmahn« kenne, er sei sein Übersetzer, wenn »Gunzelmahn« sich in Syrien aufhalte. Wie, Übersetzer? Ja, ob ich das denn nicht wisse, »Gunzelmahn« könne kein Wort Arabisch.

Gerhard Konzelmanns Bücher lesen sich anders. Der viel zu früh verstorbene Orientalist Gernot Rotter traute sich endlich aus dem Elfenbeinturm der Wissenschaft und wandte sich lautstark an die Öffentlichkeit. Er schrieb über Konzelmann das Buch *Allahs Plagiator,* eine satirische Anspielung auf Konzelmanns Bestseller *Mohammed, Allahs Prophet und Feldherr.* Es stellte sich heraus, dass der Nahostexperte Konzelmann, der als Moderator des *Weltspiegel* ein richtiger Promi geworden war und mit seinen Büchern Millionenauflage machte, nicht einmal fundiertes Grundwissen besaß. In seinen Büchern war fast alles von anderen abgeschrieben. Deutschland hatte nach Hitlers Tagebüchern seine zweite große Plagiatsaffäre.

Unser Gerd sitzt während der Demonstrationen in einem der höheren Stockwerke eines Kairoer Hochhauses, in dem auch andere Korrespondenten hocken, und starrt aus seinem klimatisierten Zimmer durch ein Fenster, das sich nicht öffnen lässt, hinunter auf das Geschehen, das die arabische Welt verändern wird. In der Liveschalte wird er von der neugierigen Radiomoderatorin gefragt, was die Leute denn rufen. Es entsteht eine kurze Pause, »Ja, sie rufen etwas.« Die Moderatorin lässt nicht locker und will für sich und ihre Zuhörer gerne wissen, was sie denn rufen.

»Ich bin leider zu weit weg, um es zu verstehen.«

Unser Gerd hat da etwas gründlich missverstanden mit dem Beruf des Journalisten. Da gehört es durchaus dazu, sein Hotelzimmer zu verlassen, den Knopf am Lift zu drücken, in das Erdgeschoss hinunterzufahren, um dann jemanden, der sich auskennt, zu fragen: »Was rufen die Leute?« Beispielsweise.

Unser Gerd fährt dann auch hektisch hinunter. Aber erst in dem Augenblick, als Guido Westerwelle am Tahrirplatz auftaucht. Da ist die Revolution allerdings schon vorbei. Da ist unser Gerd ganz vorn dabei.

Über die wahre Situation der Ägypter hat man viel zu lange viel zu wenig erfahren. Jetzt, da Mubarak entlassene Strafgefangene gegen Bezahlung auf Kamele setzt und sie auf die Demonstranten hetzt, auf die sie mit Stöcken und Messern einhauen, lässt man die Kameras auffahren. Kairo platzt schon lange aus allen Nähten. Die Smogwolken der offenen Müllverbrennung verpesten die Luft. Die Wohnsituation ist für die meisten gespenstisch, in den maroden Hochhäusern fehlt es ständig an Strom und Wasser. Wer es sich leisten kann, wohnt weit oben und besticht den Hausmeister, der im Keller dann von der öffentlichen Wasserleitung eine Extraleitung abzweigt. Wer Lift fährt, liest den Hinweis, man möge bitte zur Sicherheit in die Hocke gehen, wenn man merke, dass der Lift abstürze.

Aber all diese Geschichten über die Menschen benötigen Zeit und ein Händchen für die Kunst der Recherche. Wieso die Mühe, fragt sich unser Gerd. Schließlich tragen die Araber mit ihren Handys ihre Botschaftem sowieso schon selbst in alle Welt hinaus. Wenn *ein* Araber demonstriert, wird er von drei anderen mit dem Handy gefilmt: von seinem Freund, dem Geheimdienst und von sich selbst.

Irgendwann weiß niemand mehr irgendetwas. Aber wir brauchen sie ja doch immer wieder, unsere Experten. Wie viel muss also ein Experte in Zukunft noch wissen, um Experte zu sein? Bald kommt in den Medien Folgendes auf uns zu:

»Schön, dass wir einen Experten im Studio haben: Sie haben doch drei Jahre in Ägypten gelebt …«

»Schön, dass wir einen Experten im Studio haben: Sie waren doch zwei Wochen in Ägypten …«

»Schön, dass wir einen Experten im Studio haben: Sie haben doch Asterix und Kleopatra gelesen …«

»Schön, dass wir einen Experten im Studio haben: Sie wissen doch, wo Ägypten liegt …«

»Erzählen Sie uns, wie ist die Lage?«

Clärenore Stinnes

Wo: Berlin – Bagdad und weiter
Wann: Abfahrt 25. Mai 1927
Warum: Weltreise

Frau am Steuer! Darüber gibt es so viele Witze, dass man ganze Bibliotheken mit ihnen füllen könnte. Aber in Wahrheit ist das Thema todernst. Aus diesem Grund beschäftigen sich weltweit führende Neurologen mit dem Phänomen. Sie kleben Männer und Frauen in simulierten Autofahrten bunte Kabel an den Kopf, messen Augenreflexe und Gehirnströme und lassen dann riesige Computernetzwerke die Ergebnisse analysieren. Gleichzeitig werden die Studien von Polizei und ADAC herangezogen, um endgültige Gewissheit zu erlangen. All das wissenschaftliche Getue braucht der Autofahrermann nicht, wenn er nur seinen gesunden Menschenverstand benutzt.

Da genügt eine kurze Stadtfahrt, und es liegt klar auf der Hand: Frauen, Hände weg vom Steuer!

Daher werden der holden Gattin Lenkung und Gaspedal auch nie freiwillig übergeben. Sieht man einen Mann auf dem Beifahrerseitz gefangen, hat das meist schwerwiegende Gründe: Das Häufchen Elend hat sein Flensburger Punktekonto überschritten, im Verein gab es wieder Freibier, oder er wurde nach multiplem Organversagen in ein künstliches Koma versetzt. Denn nach kleineren Operationen und lokalen Betäubungen, wie bei Blinddarm, Gipsfuß oder Schleudertrauma, würde Mann sich selbstverständlich selbst hinters Steuer setzen.

Verdammt zum Beifahren ist eine der schlimmsten Strafen, die das starke Geschlecht erdulden muss. Dazu verlangt es allerhöchste Konzentration und außerordentliche Redegewandtheit, um den weiblichen Lenker sicher durch den Straßenverkehr zu bringen. Oft kann das Leben nur durch beherztes Eingreifen gerettet werden. Doch wir alle wissen, dass die gutgemeinten Tipps wie »Vorsicht«, »Warum schaust du nicht«, »Vierter Gang«, »Blinker«, »Grüner wird's nicht«, meistens nicht angenommen werden. Wer seine Ehe prüfen will, fahre als Beifahrer sonntags aufs Land und wieder zurück.

Ein Mensch kann notfalls zwei Minuten ohne Luft überleben, 20 Tage ohne Essen, aber zu zweit 40 000 Kilometer am Stück im selben Auto, das ist ausgeschlossen. So die vorläufigen wissenschaftlichen Ergebnisse. Clärenore Stinnes hat das Gegenteil bewiesen. Als am Ende ihrer Weltreise 46 758 Kilometer auf dem Zähler ihres staubigen Autos angezeigt werden, ist sie unsterblich in ihren Begleiter verliebt. Der lässt sich von seiner Ehefrau scheiden, heiratet Clärenore, bekommt mit ihr drei Kinder, und sie leben glücklich bis ans Lebensende zusammen auf einem Gutshof in Schweden.

Der romantische Ausgang der gemeinsamen Autofahrt kann nur einen Grund haben: Im Jahr 1927 war die Autowelt noch eine andere. Knöllchen und Radarüberwachung sind noch in weiter Ferne. Und zwischen Beirut und Bagdad schert sich auch noch niemand um Überholspuren, Tempolimits und bedächtiges Rückwärtsschauen beim Spurwechsel. Die übrigen Verkehrsteilnehmer sind keine schläfrigen Sonntagsfahrer oder rücksichtslose Porsche-Rambos, sondern störrische Esel, ein paar Fußgänger und ab und zu ein Kamel. Clärenore Stinnes ist 26 Jahre alt und spinnt. Sie will die erste Frau sein, die mit dem Auto um die Welt fährt. Verbieten kann es ihr niemand. Im Gegenteil, die Presse giert nach der Story, denn Clärenore ist keine Unbekannte.

Ihr Vater ist Hugo Stinnes, einer der einflussreichsten Persönlichkeiten im Deutschen Reich nach dem Ersten Weltkrieg. Der Bergbau hat ihn groß gemacht, die Inflation am Beginn der zwanziger Jahre übersteht er unbeschadet, man nennt ihn den »Inflationskönig«. Ihm gehören die größten Industriekonzerne von Deutschland, die Hugo Stinnes GmbH importiert und exportiert, das Holz lässt er aus Russland kommen, das Eisenerz aus Schweden, gegen eine Ausweitung Deutschlands nach Osten hätte er nichts einzuwenden (diese Idee wird dann ja bald in die Tat umgesetzt). Als Politiker sitzt er im Reichstag, und das *TIME-Magazine* bezeichnet ihn als der »Neue Kaiser von Deutschland«. Wenn uns heute die Stromrechnung ins Haus flattert, steckt meist Hugo Stinnes dahinter: Er hat den Stromgiganten RWE gegründet. Als er 1924 nach einer Operation stirbt, hinterlässt er weltweit 4500 Betriebe.

Als drittes von sieben Kindern wird in Mülheim an der Ruhr Clärenore geboren. Sie hat zwar Kohle ohne Ende, aber keinen Bock auf das bürgerliche Leben einer Industriellenfamilie. Sie trägt lieber Hosen statt Pelz, raucht wie ein Schlot und liebt schnelle Autos. Aber erst nach dem Tod von Papa lässt sie es richtig krachen. Sie wird Rennfahrerin.

Kein Rennen lässt sie aus, manchmal meldet sie sich unter falschem Namen an, um teilnehmen zu dürfen. Andere Mädchen lassen sich am Wochenende schick im Kleidchen ausführen, die Industriellentochter hängt ölverschmiert über Motoren und fährt jeden Sonntag ein anderes Rennen. Als einzige Frau unter 52 Männern rast sie durch Russland und landet in ihrer Kategorie auf Platz 1. Von Mama lässt sie sich nicht abhalten, schließlich ist die schon seit 1903 Mitglied in einem Automobilclub. Als erste Frau im Auto um die ganze Welt, diese Idee kommt außerhalb der Familie überall großartig an. Die Industrie lässt sich nicht lumpen und steckt dem jungen Mädel

100 000 Reichsmark in die Taschen, aus Frankfurt kommt ein »Standard 6« frisch aus den Adler-Werken. Natürlich mit der modernsten Sonderausstattung. Sitzheizung und elektrische Fensterheber hat er noch nicht, dafür Liegesitze. Für das neueste Adler-Modell kann es keine bessere Werbung geben als eine Weltreise. Schließlich wird alles mitgefilmt. Der Kameramann Carl-Axel Söderström wird als Begleiter ausgewählt, weil er sich schon in den Stummfilmen mit Greta Garbo und bei der Wochenschau bewährt hat. In Wahrheit fällt die Wahl auf ihn, weil er verheiratet ist und somit eine Liaison von vornherein ausgeschlossen werden kann. Was für ein dämlicher Gedanke!

Während der Vorbereitungen werden weltweit die Diplomaten über die Fahrt informiert, unzählige Benzindepots werden angelegt, die Reiseroute wird veröffentlicht: Frankfurt – Wien – Budapest – Damaskus – Teheran – Moskau – Baikalsee – Wüste Gobi – Peking – Tokio – San Francisco – Lima – Buenos Aires – Detroit – New York – Le Havre – Berlin.

Am 27. Mai 1927 dreht Clärenore den Zündschlüssel um, und unter dem Jubel der Zuschauer verlassen sie Frankfurt. Enorme Anstrengungen warten auf sie. Schlaglöcher, wilde Tiere, fremde Völker, Kälte, Hitze, da kommt es nicht mehr auf das Einparken an. Bevor sie aber zu den wilden Tieren und Völkern und Abenteuern kommen, gibt es schon nach ein paar läppischen 100 Kilometern die erste Zwangspause. Die Kupplung ist hin. In das erste seiner vier Tagebücher schreibt Söderström: »Es sieht nicht so aus, als wenn die Autos die ganze Reise halten würden.« Aber ein Problem mit der Kupplung ist eine Bagatelle, denn sie sind auf weit größere Probleme vorbereitet. Hinter Clärenores Automobil fährt ein LKW mit zwei Mechanikern und allem Drum und Dran, darunter 128 hartgekochten Eiern.

Für die Truppentransporte des Ersten Weltkriegs haben die türkisch-deutschen Straßenbauer im ganzen ehemaligen Osmanischen Reich ein ordentliches Straßennetz hinterlassen. Aber das ist auch schon wieder fast zehn Jahre her, und dementsprechend sieht es auch aus. Und wenn zu große Steine im Weg liegen, kommt das mitgebrachte Dynamit zum Einsatz. Clärenore Stinnes' Erinnerungen über den arabischen Streckenabschnitt lesen sich wie eine gemütliche Ausflugsfahrt. In Beirut wird im Meer gebadet, über steile Pässe geht es hinüber nach Damaskus, aber der Himmel ist immer blau und die Beduinen immer rührig. Hier wartet ein Botschafter mit Frühstück, dort ein Diplomat mit wichtigen Ersatzteilen. Dem jungen Ding muss doch geholfen werden. Aus Angst vor angriffslustigen Scheichs fährt man die Strecke von Damaskus nach Bagdad im Konvoi. Die Wüstenluft flimmert, es hat 54 Grad, aber das Auto fährt und fährt. Den »Adler«-Direktor freut's.

Die Filmemacherin Erica von Moeller ist fasziniert von der Stinnes-Abenteuergeschichte und dreht jubiläumsgerecht im Jahr 2009 den Film *Fräulein Stinnes fährt um die Welt*. Genau 80 Jahre nach der Ankunft Clärenores in Berlin. Die Weltreise ist glücklich beendet. Man sieht wieder das burschikose, rauchende, selbstständige Mädchen, das wie eine Wilde Auto fährt. Historisch korrekt, deutsch, und trotzdem erfrischenderweise einmal nicht nazibelastet, die Tochter aufbegehrend gegen ihren Vater, den Industriemogul, eine tolle Frauengeschichte. Und trotzdem taugt sie ganz und gar nicht als Emanzenvorbild. Übrig bleibt doch eine Männerphantasie: Clärenore Stinnes hat sich ganz artig in ihren treuen Begleiter verliebt und ihm als ihrem Ehemann drei Kinder geschenkt. Dafür durfte sie auch mal am Steuer sitzen.

Herr K. in D.: Online

Wo: Mekka
Wann: Pilgerfahrt
Warum: Verkehrsforschung

E in Flugzeug, eine Palme, ein schwarzer Würfel. Was ist das? Jeder Arabienreisende hat dieses Bilderrätsel schon einmal an den Hauswänden gesehen. Meistens kommt die Art der Malerei nicht über naive Kunst hinaus, aber jeder weiß, was sie bedeutet: Hier wohnt ein Hadschi. Mit dem Flugzeug machte er sich auf die Pilgerfahrt nach Mekka und umrundete traditionsgemäß siebenmal das wichtigste Heiligtum des Islam, die Kaaba. Die Flugzeugabbildung wird bei Bedarf durch ein Schiff oder ein Auto ersetzt, je nachdem, welches Verkehrsmittel der Wallfahrer benutzt hat.

Doch mit der Pilgerfahrt haben die moslemischen Gläubigen seit einiger Zeit Probleme. Weltweit wächst die Zahl der Moslems. Und einmal im Leben sollte jeder Gläubige nach Mekka pilgern. Das ist religiöse Pflicht, sofern es die Gesundheit und die Finanzen erlauben. Der Zeitpunkt für die Erfüllung der religiösen Aufgabe ist genau festgelegt, nämlich zwischen dem achten und dem zwölften Tag des zwölften islamischen Monats, der Dhul-Hidscha heißt. Im heiligen Bezirk angekommen, ist es mit den Vorschriften noch lange nicht vorbei. Schließlich ist es mit ein paar freiwilligen Bittgebeten nicht getan, der Ablauf in Mekka ist seit Jahrhunderten minutiös festgelegt. Umrundet ein Gläubiger ein paar Tage zu früh oder zu spät die Kaaba, gilt das Ganze nur als sogenannte »kleine Wallfahrt«, arabisch Umra.

Würde eines fernen Tages jeder Mensch auf Erden Muslim sein, könnte er kein vollwertiger Muslim mehr sein, da es völlig ausgeschlossen ist, innerhalb der vorgesehenen Pilgertage mehrere Milliarden Leute durch die vorgeschriebenen Plätze zu schleusen.

Bereits heute ist der Pilgerstrom so gewaltig, dass Saudi-Arabien nur eine bestimmte Anzahl von Visa pro Jahr für die Gläubigen ausstellt. Über 30 000 saudische Beamte sind mit der Organisation des Hadsch beschäftigt, über ihre Arbeit wacht ein Hadsch-Minister. Trotzdem ist das Chaos oftmals nicht mehr zu verhindern.

Heillos verkeilte Menschenmassen: Wo in der Welt könnte man dies besser analysieren und verwalten als in einem deutschen Ingenieursbüro? Wir verursachen den täglichen Kollaps auf den Straßen, wir kennen Staus, Geisterfahrer, Massenkarambolagen und die geheimnisvollen Rotphasen in der städtischen Ampelschaltung. Fußballspiel, Oktoberfest und Winterschlussverkauf. Rempeln, Nörgeln, Panikattacken.

Hochqualifizierte Verkehrsforscher suchen längst einen Ausweg aus dem Durcheinander.

Leicht verständlich, dass die saudische Regierung in Deutschland nach Hilfe suchte und sie auch fand. Erfahrene Verkehrsforscher widmen sich nun dem Massenansturm in Mekka. Hadsch statt A 9.

Da aber kein Ungläubiger die Heilige Stadt Mekka betreten darf, wird die Situation in einem Duisburger Büro am Computer simuliert. Das ist für Herrn K. aus D. kein Problem. Er hat seine Doktorarbeit in Physik gemacht und ist anerkannter Spezialist, wenn es um die »Evakuierung von Fahrgastschif-

fen« geht. Für dieses Spezialgebiet hat er am Computer Simu-
lationsprogramme entwickelt. Also wird auf die Mekkareise
verzichtet, die große Moschee wird einfach eingescannt und
erscheint in 3-D auf dem Bildschirm. Für die drei Millionen
Pilger stehen die vielen kleinen roten Punkte, die sich kreis-
rund um das Zentrum bewegen. Schon lange wird über eine
Verbesserung der Infrastruktur in Mekka nachgedacht. Immer
wieder kommt es zu Unglücksfällen mit Toten und Verletzten.
Als im Jahr 1990 eine Massenpanik ausbrach, wurden 1427
Pilger totgetrampelt.

Jede Religion hat ihre Pilgerei. Die Christen fahren nach Rom
und Jerusalem, die Buddhisten an die Orte, an denen Buddha
gewirkt hat, die Juden an die Klagemauer, die Hindus an den
Ganges. Aber in Mekka machen alle zur selben Zeit dasselbe.
Herr K. aus D. erfindet nun Notwege, Ausweichschleusen, Ret-
tungsgassen. Aufwendige Umbauten werden nötig sein. Alles
kein Problem, Geld spielt keine Rolle.
    Die heiligsten islamischen Stätten liegen schließlich in Sau-
di-Arabien. Dort hat man Öl, also Kohle.
    Das Herrscherhaus gilt als rückständig und fundamentalis-
tisch. Aus Saudi-Arabien stammen 15 der 19 Attentäter des
11. September, Osama bin Laden wurde in der Hauptstadt
Riad geboren. Die Sa'uds, so wird der Name richtig gesprochen, gehören der Religionsgemeinschaft der Wahhabiten an.
Diese Bewegung ist erst im 18. Jahrhundert entstanden und
hatte zum Ziel, die Verderbtheiten, die sich ihrer Meinung
nach im Lauf der Jahrhunderte in den Islam eingeschlichen
hätten, auszurotten. Sie verurteilen die Verehrung von Heiligen und deren Gräbern als Blasphemie, Wallfahrten seien
nichts als Irrwege. Kurzum: Die Zustände aus dem 7. Jahrhundert sollen gefälligst wiederhergestellt werden.
    Als im Jahre 1802 schiitische Pilger nach Kerbela kommen,
töten die Wahhabiten über 2000 von ihnen und vernichten die

verehrten Gräber. Kaum haben sie die Macht über die ganze Arabische Halbinsel, kommt es zu einer gigantischen Massenhinrichtung, man geht von 40 000 Toten aus. Dann zerstören die Wahhabiten die Gräber und das Geburtshaus des Propheten, plündern die Moschee in Medina. Heute heißen sie die geldbringenden Wallfahrer aus der ganzen Welt an den Wirkstätten der Frühzeit des Islam willkommen.

1987 erschossen saudische Militärs über 400 Mekkapilger aus dem Iran, die die Wallfahrt zu einer Demonstration nutzten, da Saudi-Arabien den Kriegsgegner Irak unterstützte. Über die deutschen Beziehungen zu Saudi-Arabien schwadronierte einst Franz Josef Strauß: »Wenn ich in der Regierung wäre, hätte ich keine Sekunde gezögert, alle Waffenwünsche Saudi-Arabiens zu erfüllen.« Als der deutsche Außenminister Guido Westerwelle 2010 in Riad empfangen wurde, sagte der dortige Gouverneur, er sei herzlichst willkommen, Deutschland und Saudi-Arabien hätten ja eine ganz ähnliche Geschichte.

Unsere Beziehungen sind gut. Bis hinein in das heilige Herz des Islam. Das Saudiland füllt nicht nur Herrn K. aus D. das Auftragsbuch. Die Firma Siemens war am Brückenbau für die Pilgerwege beteiligt, und eine schwäbische Firma produzierte die Zelte für 500 000 Pilger, nachdem 1997 eine ganze Zeltstadt abgebrannt war. Die Abwicklung vor Ort war völlig unproblematisch, da der Chef des Stuttgarter Unternehmens zum Islam konvertiert war. Dass die Saudis für die benötigten zwei Millionen Quadratmeter Zeltstoff satte 1,2 Milliarden Mark bezahlten, steht damit in keinem Zusammenhang.

Die Stationen der Pilgerfahrt kennt jedes Kind, da sie der Prophet Muhammad selbst vorgeschrieben hat. Am Beginn steht die rituelle Reinheit, daher das leuchtendweiße Gewand. Dann wird die Kaaba, der »Würfel«, siebenmal entgegen den

Uhrzeigersinn umschritten. Der schwarz verhüllte Bau lässt nur ein kleines Stück Wand frei, in den ein schwarzer Stein, man nimmt an ein Meteorit, eingelassen ist. Nur wer sehr viel Glück hat, kommt da ganz nah ran. Dann muss der Gläubige siebenmal zwischen zwei Hügeln hin- und herlaufen, anschließend sammelt er sich zum Gebet am Berg Ararat. Ziemlich am Ende steht die symbolische Steinigung des Teufels, der in der Gestalt von drei Säulen von den Gläubigen mit Steinen beworfen wird. Dabei kam es früher zu vielen Toten und Verletzten, da die Pilger im Kreis um die Stelen standen und so mancher Wurf nicht den Satan traf, sondern den Glaubensbruder auf der anderen Seite.

Hinterher kaufen die hungrigen Wallfahrer ein Schaf oder eine Ziege und schlachten die Tiere zum großen Opferfest. Da diese bei weitem nicht aufgegessen werden können, friert man sie zum Weiteren Verkauf ein.

Manch einer wundert sich, dass der Hadsch jedes Jahr zu einem anderen Zeitpunkt stattfindet. Das liegt daran, dass der Kalender des Islam sich nach dem Mond richtet und nicht nach der Sonne. Der Mondkalender beginnt mit der Auswanderung Muhammads nach Medina, das war nach unserer Zeitrechnung der 16. Juli 622. Zudem ist der Zyklus des Mondes um ein paar Tage kürzer als das Sonnenjahr. Zum Hin- und Herrechnen gibt es natürlich eine Formel:

Moslemisches Jahr ist gleich dem christlichen Jahr minus 622 mal 33 geteilt durch 32.

Heute verwendet die gesamte arabische Welt zwei Kalender, den christlichen für weltliche Belange, den muslimischen für religiöse.

Herr K. aus D. hat seine Sache gut gemacht. Der PC spuckte Pilgerzahlen und Mekkadiagramme aus, aus denen man Analysen zog und mit wichtigem Gesicht nach Saudi-Arabien verkaufte. Doch auch die Computer verrechnen sich manchmal. Herr K. aus D. lieferte im Jahr 2010 auch die Analysen für die Vorbereitungen der Duisburger Loveparade. Sogar Herrn K.s Doktorvater rechnete im Auftrag der Veranstalter mit. Am Ende lagen 21 Tote im Tunnel.

Ernst Zündel

Wo: Beirut
Wann: Frühjahr 2001
Warum: Holocaust leugnen

E s gibt zweierlei Arten, in die libanesische Hauptstadt zu gelangen. Zuerst die einfache Variante: Man bucht einen Flug, steigt in die Maschine, und vom Beiruter Flughafen lässt man sich von einem Taxi in die Stadt fahren. So machen es die meisten. Die andere Möglichkeit ist etwas komplizierter: Vier Wochen vor der Reise meldet man sich in den USA beim »Institute for Historical Review« (IHR) an. Name, Geburtsdatum und eine Kopie des Reisepasses genügen nicht immer, man muss nach Möglichkeit auch einen Bürgen benennen können. Die Daten werden vom IHR überprüft, und eine Woche vor Reisebeginn erhält man eine Beiruter Telefonnummer, die man gleich nach der Ankunft, am besten noch vom Flughafengebäude aus, anrufen soll. Die Stimme am anderen Ende der Leitung wird dann weitere Anweisungen geben. Noch ein Hinweis: Während der Vorbereitungen und der Anreise soll Stillschweigen bewahrt werden …

Diese Prozedur ist für normale Touristen etwas aufwendig, aber wenn Sie zur Gruppe der Auschwitzleugner und Revisionisten gehören, macht Ihnen das nichts aus. Gewöhnliche Menschen fahren nach München zum Oktoberfest, alte und junge Nazis fahren zum Revisionistenkongress. Und da geht es eben höchst konspirativ zu. Vom 31. März bis zum 3. April 2001 sollte eine sogenannte »Internationale Konferenz« mit dem Titel »Revisionismus und Zionismus« im Libanon abgehalten werden. Organisiert wurde die Veranstaltung von der Vereinigung »Wahrheit und Gerechtigkeit«, die im Jahr 1998 in der Schweiz von Jürgen Graf, einem ins Teheraner Exil geflüchteten Holocaustleugner, gegründet worden war. Ziel der Vereinigung ist es, den Völkermord an den Juden ungestraft leugnen zu dürfen. Die Mitglieder nennen die Verbreitung der Lüge Meinungsfreiheit.

Ernst Zündel, Jahrgang 1939, steht auf der Beiruter Rednerliste. Er ist ein Star unter den Nazifans. Der Schwarzwälder wanderte als junger Mann nach Kanada aus und arbeitete dort als Photoretuscheur. In seiner Werkstatt hängt er eine riesige Hakenkreuzfahne auf. Irgendwann muss er gemerkt haben, dass mit seiner Begeisterung für den Nationalsozialismus eine Menge Geld zu verdienen ist. Er gründet einen Verlag und verschickt alles, was mit Rassismus und Antisemitismus zu tun hat. Hitler-Reden, SS-Lieder, Naziflaggen und den Holocaust leugnende Schriften, alles ist in seinem Sortiment zu finden. Sein Propagandamaterial versendet er weltweit, auf Bestellung nach Deutschland und unaufgefordert an die kanadischen Parlamentsmitglieder. Er betrieb lange Zeit einen Radiosender und bewarb sich perfiderweise um die Stelle eines Leiters des Holocaust-Dokumentationsarchivs des »Canadian Jewish Congress«.

Um seine Behauptungen, im Dritten Reich seien »höchstens ein paar hunderttausend Juden« ermordet worden, zu untermauern, drehte er mit einer Videokamera im Konzentrationslager Auschwitz einen Film, in dem er zusammen mit einem Mann, dem er eine Kippa aufgesetzt hatte, um ihn als Juden auszugeben, durch die Gedenkstätte des Vernichtungslagers streift.

In Deutschland steht die Auschwitz-Lüge seit 1985 unter Strafe. Erstaunlicherweise erst 40 Jahre nach Kriegsende stritten die deutschen Parteien um die Bestrafung der Holocaustleugner. Helmut Kohl, Theo Waigel, Alfred Dregger und die CSU waren gegen ein Gesetz, es sei zu »einseitig«, hieß es. Schließlich gab es schon einen Paragraphen wegen Beleidigung, den könne man dazu doch nutzen.

Die Negierung eines Völkermords mit einer Beleidigung gleichzusetzen ist heikel, noch viel heikler ist, dass der Beleidigte nachweisen muss, beleidigt worden zu sein, weil er eben Jude ist – dass also ein umgekehrter Ariernachweis zu liefern ist. Heute fällt die Auschwitz-Lüge im Strafgesetzbuch unter die Paragraphen 130, 189, 194.

Ernst Zündel steht mehrfach vor Gericht. In Toronto kommt es 1988 zu einem aufsehenerregenden Prozess gegen ihn. In den Zeugenstand tritt das ganze Gruselkabinett der Holocaustleugner. Einer davon ist Fred Leuchter. Er bezeichnet sich als »Ingenieur« und wurde von Zündel nach Auschwitz geschickt, um »wissenschaftliche Untersuchungen« durchzuführen. Das Ergebnis wurde veröffentlicht und am 8. Mai 1988, symbolgerecht am Jahrestag der deutschen Kapitulation, als sogenanntes »Leuchter-Gutachten« dem kanadischen Gericht vorgelegt. Im Prozess nimmt der Richter den »Experten« Leuchter in die Zange:

»Wie können Sie als Ingenieur arbeiten und auftreten, wenn Sie keinen Abschluss als Ingenieur haben?«

Leuchter:

»Euer Ehren, ich würde gerne hinterfragen, was ein Ingenieursabschluss ist.«

Im weiteren Verlauf kommt heraus, dass Leuchter von Chemie, Mathematik und Toxikologie keine Ahnung hat und in Physik höchstens zwei Seminare absolviert hat, allerdings nicht im Rahmen eines naturwissenschaftlichen Studiums, sondern in einem geisteswissenschaftlichen Zusammenhang.

Leuchter hatte in Auschwitz an den Wänden gekratzt und diese heimlich entwendeten »Gesteinsproben« untersucht. Den Holocaustleugnern geht es darum, zu beweisen, dass in den Konzentrationslagern nie Vergasungen durchgeführt, sondern mit Zyklon B ausschließlich Entlausungen der Wäsche durchgeführt worden waren. Schließlich seien in den Wäschekammern bis heute höhere Konzentrationen des Giftes nachzuweisen als anderswo.

Leuchter behauptete ebenso, seine Informationen stammten aus den wissenschaftlichen Auschwitz-Archiven. In der Verhandlung stellte sich heraus, dass er jene nie von innen gesehen hat und seine ganzen »wissenschaftlichen Belege« ausschließlich Broschüren entnommen waren, die man als Besucher vor Ort erwerben kann. Ernst Zündel wird am Ende des Prozesses zu neun Monaten Haft verurteilt.

Je näher die Konferenz in Beirut rückt, umso mehr Details kommen ans Tageslicht, und bald regt sich weltweit der Protest. Der Druck auf den Libanon wächst. Eine Woche vor Beginn der Revisionistenversammlung tritt der damals amtierende libanesische Präsident Rafik al-Hariri vor die Kameras und erklärt, dass er die Veranstaltung nicht genehmigen werde. Es bestehe kein Bedarf für eine solche Konferenz. Ernst Zündel und seine Kampfgefährten müssen erst mal zu Hause bleiben.

Die Konferenz der Revisionisten, diesen Namen haben sie sich selbst gegeben, sollte die Zusammenarbeit zwischen den Rechtsradikalen und der moslemischen Welt verbessern. Germar Rudolf, ein weiterer potenzieller Teilnehmer der Konferenz, schreibt: »Jedenfalls hat nun auch der letzte Moslem und Araber verstanden, dass der Revisionismus die intellektuelle Atombombe des kleinen Mannes ist. [...] Es steht zudem zu hoffen, dass es trotz all der Hindernisse dennoch zu einer Zusammenarbeit zwischen den Revisionisten und gewissen arabischen und islamischen Kreisen kommt. Erste Ansätze dazu gibt es bereits. So besteht zum Beispiel ein reges Interesse daran, das von mir letztes Jahr herausgegebene revisionistische Sammelwerk *Dissecting the Holocaust* (die englische aktualisierte Übersetzung der *Grundlagen zur Zeitgeschichte*) auf Arabisch herauszugeben.«

Leider klappt die Zusammenarbeit zwischen den Rechtsradikalen und einigen arabischen Kreisen ganz gut. Nachdem die Konferenz in Beirut abgesagt worden war, erklärte sich der Jordanische Schriftstellerverband solidarisch mit den Revisionisten und verkündete, dass »die Befreiung Palästinas die weltweite Suche nach Freunden erfordert, anstatt sich an der Unterdrückung von Wissenschaftlern und Intellektuellen zu beteiligen, die uns unterstützen«. Schließlich sei der Kampf *gegen* die Normalisierung der Beziehung mit Israel eine »religiöse und nationale« Pflicht.

Bis nach Deutschland schwappt die nationalsozialistisch-palästinensische Verbrüderung, immer häufiger finden sich Rechtsradikale auf den Demos der Palästinenser.

Ernst Zündel versucht weiterhin, im Nahen Osten Verbindungen zu knüpfen. Die nächste Gelegenheit ergibt sich im Jahr 2006. Der iranische Präsident Mahmud Ahmadinedschad lädt nach Teheran zur Holocaust-Konferenz. Alle Ultrarechten sind dabei, darunter Leute aus der NPD, der FPÖ, der Chef vom Ku-Klux-Klan, und auch der 85-jährige Anwalt von Ernst Zündel. Nur Ernst Zündel nicht. Seit November 2005 steht er in Deutschland vor Gericht. Seine Verteidigerin Sylvia Stolz schafft es nicht, ihn rechtzeitig zur Teheraner Konferenz raus-zuhauen.

Sie hebt im Prozess die Hand zum Hitler-Gruß und leugnet den Holocaust. Das kommt außer bei ihrem Schützling nicht gut an, und sie erhält selbst dreieinhalb Jahre Haft und fünf Jahre Berufsverbot.

Ernst Zündel wird verurteilt und erst am 1. März 2010 entlassen. Dadurch verpasste er auch die nächste Veranstaltung zur Auschwitz-Lüge an einer Teheraner Universität mit dem Titel: »Holocaust? Eine heilige Lüge des Westens«.

Sönke Wortmann

Wo: Südmarokko
Wann: 2008
Warum: Filmemacherei

E s ist wirklich nichts Besonderes mehr, im Orient einen Film zu drehen. Auf 200 Hurghada-Touristen kommen heute im Schnitt 800 Camcorder, Pocket-Kameras, Handy-Cams und sonstige digitale Gerätschaften, mit denen uns die weltweite Elektronik-Mafia füttert. Wir filmen alles. Die Speisung am Frühstücksbüfett, die kläglichen Versuche auf dem Surfboard, der allabendliche Discofox in der hoteleigenen Tanzanstalt, gern »Ali's Dancefloor« oder »Saladin's Moulin Rouge« genannt, sekundengenau wird jede Bewegung festgehalten. Für die Ewigkeit. Da sich aber die Nachwelt, wie oft schon die aktuelle Umwelt, nicht für unsere Urlaubserlebnisse interessiert, hat die ganze Filmerei nur zur Folge, dass sich unsere leidgeprüfte Nachwelt hochkomplizierte Techniken wird ausdenken müssen, wie sie unsere digitalen Ferienabenteuer umweltschonend wieder beseitigen kann. Hoffentlich für die Ewigkeit.

Ein Beispiel: Schwimmen lernen im Meer. Da stand früher der Papa mit seiner aus der Mode gekommenen Badehose knöcheltief in den Mittelmeerwellen und brachte dem Stammhalter die lebensrettenden Bewegungen bei. Heute zoomt Papa trockenen Fußes vom Strand aus auf seinen kreischenden Buben, der in der Dünung ums nackte Überleben kämpft. Hauptsache, es ist im Kasten. Oma wird sich freuen.

Im Urlaubsresort drehen sich heutzutage die Tischgespräche nicht mehr um Wind und Wetter in der arabischen Welt, Arafat und verschleierte Frauen, sondern um Megapixel, Touchscreengrößen und Bildschirmstabilisatoren. Der natürliche Feind der Urlaubsfilme war einst der unerbittliche Röntgenstrahl des Flughafenzolls. Doch diese schöne Zeit kehrt nicht wieder, das Filmzeug überlebt inzwischen alles.

Die arabischen Landschaften sind aber nicht nur von Hobbyfilmern besetzt, der Profi fliegt auch gern zum Dreh nach Süden. Genau aus demselben Grund: weil es billig ist.

Der Amateurfilmer spart sich den Eintrittspreis in den heimischen Tierpark und filmt das Kamel kostengünstiger, weil »all inclusive«, am Strand, bestenfalls vom Hotelbalkon. Der Profi heuert in Marokko zwar auch Kamele, aber in erster Linie billige Komparsen an, die nicht wie ihre deutschen Kollegen ständig wehleidig nach Gewerkschaft und arbeitsrechtlichen Bedingungen schreien und nach einem halben Drehtag in der Massenszene gleich auf eine Hauptrolle pochen. Sönke Wortmann ist nun nicht bekannt für Wüstenkrimis oder erotische Haremsabenteuer. Er liebt Fußball. Und das ist im Sand meistens eine mühselige Angelegenheit. Deswegen hat Sönke Wortmann *Das Wunder von Bern* und *Deutschland. Ein Sommermärchen* über die Fußballweltmeisterschaft, die wir dann zum Glück doch nicht gewonnen haben, in der Heimat gedreht. Es hat lange gedauert, bis er wusste, wie man berühmt wird. Brav hat er das Klischee vom Filmkünstler erfüllt und war vor Beginn seiner steilen Karriere Taxifahrer und Soziologiestudent. Inzwischen hat er sämtliche Filmpreise in Gold, Silber, Hellblau und allen anderen Farben, die ganzen Bambis, Bären, Panther, diese ehrwürdigen Porzellanscherben und Blechlawinen, mit dem man ihn zugeschüttet hat, zu Hause stehen. Sogar den Bundespräsidenten durfte er wählen, als

Wahlmann für die Grünen aus Nordrhein-Westfalen – also hat er ihn nicht gewählt.

Wenn ein Mann es nie schafft, sich frühmorgens die Haare aus dem Gesicht zu rasieren, bevor er zur Arbeit geht, wird er nicht Schauspieler, sondern meistens Regisseur. Sönke Wortmanns gepflegter Vierdreivierteltagebart macht aber noch keinen Film, ein sogenannter »Stoff« muss her. Wir Laien denken da an Großartiges, meist an Historienschinken, Sex and Crime, oder beides zusammen, also Marie Antoinette heimlich am FKK-Strand gefilmt, Hannibal und seine Elefanten bei der Rast in Garmisch-Partenkirchen, die drei Musketiere Napoleon, Berlusconi und Sarkozy planen einen Zwergenaufstand etc. Nein. Sönke Wortmann hält den Ball flach, ihm genügen ein männlicher Schauspieler, der sich aufgrund seines mangelnden Schauspielkönnens ausziehen muss, und ein simpler Küchentisch, auf den sich der Erwähnte hockt. Fertig ist der bewegte Mann, jene unglaublich erfolgreiche Werbekampagne für ein Potenzmittel für Zuchtbullen. Aber dann holt ihn doch der Historienschinken ein: *Die Päpstin.* Der Titel verrät schon die ganze Geschichte. Es geht darum, dass im frühen Mittelalter plötzlich eine Frau auf dem Papststuhl sitzt. Mit dieser Verschwörungstheorie, die sämtlichen Kardinälen Angstschweiß und Zornesröte ins Gesicht treibt, bekommt man natürlich keine Drehgenehmigung hinter den Mauern des Vatikans. Wenn sich ein Buch millionenfach verkauft, wird es meistens verfilmt. So auch hier. Aber da ist dann die Sache mit den Regieanweisungen. *Die Päpstin* spielt im Mittelalter, da muss der Schlamm auf den Straßen stehen, der Dreck an den Fassaden kleben. Dafür gibt natürlich kein deutscher Oberbürgermeister freiwillig seine schmucke Altstadt her. Die Fußgängerzone gerade frisch renoviert, die moderne Kunst gegen die spießbürgerlichen Widerstände endlich am Rathausplatz aufgestellt, das darf jetzt nicht alles mit Filmarbeiten zerstört werden, die noch vor Drehbeginn tonnenweise Dreck in der Stadt verteilen. Also geht Sönke Wortmann dorthin, wo es keinen stört, nach Marokko.

Genauer nach Warzazate, einer Ortschaft hinter dem Atlasgebirge, die Sahara ist in Sichtweite. Früher hauste dort niemand, dann Beduinen, dann die Fremdenlegion, jetzt die »Atlas Corporation Studios«, das Hollywood Nordafrikas. Im August hat es über 40 Grad im Schatten, dafür regnet es so gut wie nie, und sonnige Filmtage können vertraglich garantiert werden. *Der Gladiator, Lawrence von Arabien, Jesus von Nazareth, Asterix und Kleopatra,* kurzum jede Filmcrew, die für ihren Streifen etwas Sand unter den Sandalen braucht, strandet irgendwann in den Filmhallen des marokkanischen Multimillionärs Mohammad Belghmi. Praktischerweise gehört diesem Mann eine Hotelkette. Offenbar fiel im »Touri«-Geschäft so viel Bakschisch ab, dass er ab 1983 in der staubigen Wüste Filmhallen aufbaute, deren Sanitäranlagen luxuriöser ausgestattet sind als die in durchschnittlichen marokkanischen Haushalten. Seitdem war schon so mancher Berberkopf aus der Nachbarschaft zu sehen in *James Bond 007 – Der Hauch des Todes, 7 Jahre in Tibet, Kundun, Die Mumie* oder in *Die letzte Versuchung Christi.* Kulissen, die nicht mehr gebraucht werden, stehen zur Verschönerung im gegenüberliegenden Hotel. Manch einer, der das echte, unverfälschte Südmarokko erleben wollte, nächtigt jetzt eben in einem Bett, neben dem tibetische Pappmachédrachen aus der Dalai-Lama-Filmwohnung auf ihren Zerfall harren. Der Frühstücksraum wird beherrscht von den strengen Blicken von Kleopatras meterhohen Palastwachen, von denen inzwischen der gipserne Lendenschurz in den Minztee der Gäste bröselt.

In Warzazate dreht sich alles um internationale Produktionen. Marokkanische Filme werden dort nicht gedreht. Dazu hätte niemand das Geld. Filme aus Marokko drehen sich auch nicht um päpstliche Intrigen des neunten Jahrhunderts, sondern häufig um die echten Probleme der Menschen, allen voran die Armut oder die Hürden der Bürokratie oder die Tatsache, dass die marokkanische Gesellschaft zur großen Mehrheit aus arbeitslosen Jugendlichen besteht. So etwas hört und sieht der amtierende König gar nicht gerne, deswegen wird auch nicht in teuren Studios gedreht, sondern in den schmutzigen Gassen der Armenviertel. Das ist erlaubt, weil diese Filme sowieso niemand anschaut außer den Beteiligten. Verirrt sich aber doch eine dieser Marokko-Produktionen in die sogenannte westliche Welt, muss sie auf Festivals gezeigt werden oder in jenen Off-Kinos, die jeden dritten Dienstag im Monat, aus wirtschaftlichen Gründen leider erst um 3 Uhr früh, stolz die Reihe »Neuer marokkanischer Film« präsentieren. Der Samstagsabend, an dem wir in Deutschland bevorzugt ins Kino gehen, ist reserviert für 007, Gladiator und Päpstin. Diese Art der Kinounterhaltung geht wiederum am gemeinen Marokkaner vorbei, weil er es sich nicht leisten kann. Das Geld ist zu knapp. Und Kino kann man nicht essen.

Nicht nur Marokko, auch Tunesien diente schon als Filmkulisse. In der Nähe von Touzeur, einer Stadt im Süden, kann man heute den Planeten Tatooine besichtigen, ein Schauplatz aus *Krieg der Sterne.* Wer in Nordafrika die Schnauze voll hat von ursprünglichen Berbermärkten, den unvergesslichen Kasbahs aus Stampflehm oder den unglaublichen Landschaftsformationen der Salzwüsten kann sich einbuchen in die Führungen durch die Filmstädte. Hier schlagen Sie Couscous und Disney World mit einer Klappe.

Wer gut aufpasst, entdeckt sogar noch Drehorte für *Kara ben Nemsi Efendi,* der Karl-May-Verfilmung mit Karl-Michael Vogler, oder trifft auf Komparsen, die Manfred Krug als bärbeißiger Trucker Franz Meersdonk in *Auf Achse* schon angeschnauzt hat. Die Stars von Sönke Wortmanns *Päpstin* sind da einfacher zu handhaben. Die sind froh um ein bisschen Schatten und reisen ab, wenn die Dreharbeiten beendet sind. Manfred Krug dagegen beendete die Dreharbeiten, wenn seine mitgebrachten Stullen aufgegessen waren. Eine dieser für das Filmmilieu typischen Legenden besagt, dass er einheimische Kost niemals angerührt und, sobald seine Essenkiste leer war, sich für den nächsten Flug nach Hause ein Ticket besorgt hat.

Sönke Wortmann dreht für seinen Film auch in Sachsen-Anhalt und in der Eifel und etlichen anderen sogenannten »Locations«, die sogenannte »Location-Scouts« als sogenannte »Set-Locations« ausgescoutet haben. Zusammengesetzt wird der Film zu Hause. Das kennt man auch vom Amateurfilmer, der bis spät nachts am Computer sitzt und sich mit der Software herumärgert, an die er seine Kamera mit den Urlaubserinnerungen aus Agadir gehängt hat. Schließlich muss er für die anstehende Filmvorführung diese Passage herausschneiden, in der er zu lange auf die wippenden Oberweiten der Beachvolleyballerinnen draufhielt, was der Zoom hergab. Dies ginge über die harmlose Urlaubserinnerung wohl weit hinaus und fiele der Zensur der Ehefrau sowieso zum Opfer. Das wird also als Kurzfilm exportiert und kommt auf der Festplatte an einen nicht leicht zu findenden Platz.

Ach ja, lieber Sönke, wir beide haben auch einmal zusammen gedreht. Keinen Spielfilm in der Wüste, sondern Werbung für Müller-Milch. Das war hoch oben in den Ötztaler Alpen, und Trappatoni wurde extra dazu mit dem Helikopter eingeflogen. Das war politisch völlig unkorrekt, hat aber höllisch Spaß gemacht. Das Drehen in den echten Bergen hätten wir uns allerdings sparen können. Das Originalgestein hat nämlich der Kundschaft nicht gefallen, und man hat hinter uns später im Studio eine künstliche Alpenkette hineingeschnitten. Liebe Grüße!

Franz Werfel

Wo: Damaskus
Wann: 1929
Warum: Hochzeitsreise

Jeder Deutsche hat in Sichtweite seiner Wohnung eine Apo-
theke, einen EC-Automaten und einen Teppichladen, der
pleite ist und mit Schließung droht. »Alles muss raus«, jede
Woche landen unzählige Teppichprospekte mit dieser Über-
schrift in unseren Briefkästen oder schleichen sich als Beilage
der Tageszeitungen in die Wohnungen und kündigen allesamt
an, jetzt noch mal 30 Prozent Rabatt zu gewähren. Wer auch
nur halbwegs Kopfrechnen kann, muss sich wundern, denn
innerhalb der letzten zehn Jahre sind die Orientteppiche damit insgesamt um mindestens 3000 Prozent reduziert worden.
Und trotzdem will sie keiner haben.

Die gesamte Fläche der Bundesrepublik, über 357 000
Quadratkilometer, könnte man doppelt und dreifach ausle-
gen mit den Sarugs, Ghoms, Nains und Täbriz', die sinnlos
in den Betonhallen der Gewerbegebiete vor sich hinmodern.

In einem 1949 in der Mongolei entdeckten Skythengrab
fanden die Archäologen den ältesten Teppich der Welt. Er war
seit 2000 Jahren tiefgefroren, zusammen mit einem Pferd und
einem Wagen. Ein mindestens genauso berühmter Teppich befindet sich auf dem russischen Friedhof in Paris. Das Grab der
Ballettlegende Rudolf Nurejew wird von einem Teppich über-

spannt. Der Kaukasier hatte sich zwar einen echten Begräbnisteppich gewünscht, aber aufgrund des grauenhaften Wetters haben sich die Franzosen dann doch für eine Kopie aus Keramik entschieden. In jedem Fall: Der Teppich hat im Orient noch immer einen hohen symbolischen Wert. Bei uns ist das anders. Für die einen ist ein Teppich Fußabtreter oder Sammelobjekt, für die anderen die ideale Brutstätte von Wanzen, Milben und anderen unappetitlichen Parasiten.

Ein Teppich hat im Westen eigentlich nichts zu suchen. Im fünften Stockwerk einen Hochhauses Teppiche auszulegen, ist so überflüssig wie einem Beduinen einen Toaster zu schenken.

Teppiche dienen den Nomadenvölkern als Ersatz für den fehlenden Fußboden. In der Steppe ist eben selten Laminat zur Hand, also wird zum Schutz gegen Steine, Dornen und Ungeziefer das bunte Knüpfwerk ausgelegt. Beim Aufbruch in das nächste Weidegebiet rollt man Geschirr und Zerbrechliches darin ein und zieht weiter.

Als der deutsch-tschechisch-österreichische Schriftsteller Franz Werfel im Jahr 1929 nach Damaskus reist, besucht er eine Teppichfabrik. Je filigraner die Knüpfungen, je höher die Anzahl der Knoten pro Quadratzentimeter, umso wertvoller das Stück. Das weiß der schlaue Mann, aber es interessiert ihn nicht. Denn in der Fabrik fallen ihm Kinder auf, die sich in einem erschreckend schlechten Gesundheitszustand befinden und zwischen den Webstühlen Fäden und Spulen aufheben, den Boden fegen. Werfel erkundigt sich danach und ist von der Geschichte innerlich so berührt, dass er noch während der Reise mit einem Roman beginnt. »Das Jammerbild verstümmelter und verhungerter Flüchtlingskinder, die in einer Teppichfabrik arbeiteten, gab den entscheidenden Anstoß, das unfaßbare Schicksal des armenischen Volkes dem Totenreich alles Geschehenen zu entreißen. Die Niederschrift des Buches erfolgte in der Zeit vom Juli 1932 bis März 1933.« Diese Erklärung stellt Franz Werfel seinem weltberühmten Roman *Die vierzig Tage des Musa Dagh* voran.

Die Idee zu dem Roman kommt ihm auf seiner zweiten Orientreise, die er mit seiner Frau Alma unternimmt. Wenige Wochen vor der Abreise, am 7. August 1929, heiratete Franz Werfel die berühmteste und verrufenste Frau des 20. Jahrhunderts: Alma Mahler. Mit ihr hatte er zehn Jahre zuvor schon ein Kind gezeugt, das aber an Gehirnwassersucht starb. Als Alma ihrem späteren Mann zum erstenmal begegnete, lästert sie über ihn: »Werfel ist ein O-beiniger, fetter Jude mit wülstigen Lippen und schwimmenden Schlitzaugen! Aber er gewinnt, je mehr er sich gibt.« Zehn Jahre später und drei Wochen nach der Trauung schreibt sie: »Ich fühle meine neuerliche Ehe als Zwang. Viel mehr, als ich mir dies vorgestellt hatte. Merkwürdig.« Eine objektive Beurteilung von Alma Mahler gibt es bis heute nicht. Die einen verachten sie, die anderen heben sie in den Himmel.

Alma Mahler wurde am 31. August 1879 in Wien geboren und hatte mit jedem namhaften Künstler ihrer Zeit ein Verhältnis. Es begann mit dem Maler Gustav Klimt, als sie 17 war. Es folgte der Komponist und Schönberg-Lehrer Alexander von Zemlinsky. Darauf heiratete sie den Wiener Operndirektor Gustav Mahler, den sie mit dem Bauhaus-Gründer Walter Gropius betrog. Es folgte eine Affäre mit dem Maler Oskar Kokoschka. Dann starb Mahler, woraufhin sie Gropius heiratete, den sie mit Franz Werfel betrog und so weiter.

Im Herbst 1929 wollte sie mit ihrem frischgebackenen Ehemann ihren Lebenswunsch wahrmachen und nach Indien reisen. Das war ihm aber zu weit, Alma buchte die Reise um. So fuhren sie nach Alexandria und Kairo, besuchten Jerusalem, Beirut sowie die antiken Tempelanlagen von Baalbek und landeten auch im syrischen Damaskus. Jeden Abend bekam Werfel Fieber, doch der Arzt befand es als harmlos. In Damaskus war es heiß, in den überdachten Souks suchten sie

Schutz vor der Hitze. Als sie ihr Führer in die größte Teppich-
weberei der Stadt führte, fragte Werfel den Besitzer nach den
Kindern. »Ach, diese armen Geschöpfe, die klaube ich auf
der Straße auf und gebe ihnen zehn Piaster pro Tag, damit sie
nicht verhungern. Es sind Kinder der von den Türken erschla-
genen Armenier. Wenn ich sie hier nicht beherberge, verhungern sie, und niemand kümmert sich darum. Leisten können
sie ja nicht das geringste, sie sind zu schwach dazu«, zitiert
ihn Alma Mahler in ihrer Autobiographie.

Armenien und seine Geschichte sind im Westen weitgehend
unbekannt. Dass der Schachspieler Garri Kasparow, die Künstler Cher, Rick Kavanian und Charles Aznavour armenischer
Herkunft sind, überrascht. Wäre es nach den Plänen der letzten osmanischen Sultane gegangen, dürfte es heute gar keinen
Armenier mehr auf Erden geben. Schon in den Jahren 1894,
1895 und 1909 wurden im Osmanischen Reich die Armenier verfolgt. Doch während des Ersten Weltkrieges wurde aus
der Verfolgung ein Völkermord. Der erste im 20. Jahrhundert.
Eineinhalb Millionen Armenier wurden getötet. Deutsche Offiziere schauten dabei zu und lernten Vernichtungspraktiken,
die sie 20 Jahre später in Deutschland gegen die Juden an-
wendeten.

Die Armenier waren die zweitgrößte Minderheit im Osmanischen Reich, sie kämpften für einen unabhängigen Staat Armenien und hegten daher Sympathien für den Kriegsgegner
der Türken. Die Russen versprachen den Armeniern, sie in ihrem Unabhängigkeitskampf zu unterstützen, deswegen gab es
in der russischen Armee große Einheiten armenischer Freiwil-
liger.

Die Rache der Türken lässt nicht lange auf sich warten. Die
Soldaten des türkischen Innenministers Talat Pascha holen im
April 1915 alle Armenier Istanbuls aus ihren Häusern, um sie
zu deportieren. 2500 von ihnen werden auf der Stelle hinge-

richtet. Die armenischen Soldaten, die in der türkischen Armee dienen, werden entwaffnet und bataillonsweise erschossen. Als sich Widerstand regt, treibt man überall im Land die Armenier zusammen und verfrachtet sie in Viehwaggons. In der syrischen Wüste lässt man die Armenier in kilometerlangen Schlangen zu Fuß weitergehen. Es kommt zu grauenhaften Gemetzeln, Vergewaltigungen und Erschießungen durch die Wachkommandos, darunter viele Kurden. Babys und Kleinkinder, die das Grauen überleben, lässt man einfach am Wegesrand sitzen. Zigtausende verhungern. Das war der Plan.

Nur wenige erreichen die nordsyrische Stadt Aleppo, die zwar unter osmanischer Verwaltung steht, aber ein Überleben möglich macht. Istanbul ist weit, und rundherum toben die Schlachten des Ersten Weltkriegs auf arabischem Boden. Hier kann man in Deckung gehen. Wer heute durch Aleppo schlendert, entdeckt da und dort merkwürdige Schriftzeichen, die sich deutlich von den arabischen Buchstaben unterscheiden. Das ist Armenisch. So hat das legendäre »Hotel Baron« im Zentrum von Aleppo heute noch den armenischen Namen in armenischer Schrift über dem Eingang in die Wand eingemeißelt. An der typischen Namensendung erkennt man die armenische Herkunft des Hotelbesitzers Armen Mazloumian.

Der Erste Weltkrieg geht für die mit den Deutschen verbündeten Türken verloren. Die Kriegsverbrecher müssen sich nun in Sicherheit bringen. Am 2. November 1918 rettet ein deutsches U-Boot die drei türkischen »Paschas« Talat Pascha, Enver Pascha und Cemal Pascha über das Schwarze Meer. Talat Pascha, inzwischen in Istanbul zum Tode verurteilt, residiert alsbald behütet im Berliner Exil in einem Hotel am Alexanderplatz, später dann in Charlottenburg. Eine Auslieferung lehnen die Deutschen ab. Am 15. März 1921 wird Talat Pascha von dem Armenier Soghomon Tehlirian auf offener Straße erschossen. Am 25. Februar 1943 werden seine Überreste unter großen militärischen Ehren nach Istanbul überführt. Adolf Hitler ist über den Genozid an den Armeniern bestens informiert, ranghohe deutsche Militärs dienten an der Seite der Türken im Ersten Weltkrieg. Hitlers Ausspruch aus dem Jahr 1939 über die Legalisierung des Holocaust ist verbürgt: »Wer redet heute noch von der Vernichtung der Armenier?«

Franz Werfel ist tief erschüttert, als er in Syrien weitere Details über die Herkunft der Kinder in der Teppichfabrik erfährt. Schon am ersten Abend sind über sein Hotelbett unzählige Notizzettel verstreut. Zu Hause recherchiert er weiter und kommt über einen Freund an die Protokolle des Pariser Kriegsministeriums, denen er viele Details entnimmt.

Franz Werfel beschreibt auf fast 1000 Seiten die Geschichte eines heldenhaften Widerstands eines Häufleins Armenier gegen die türkische Armee. Der historische Wahrheitsgehalt ist unbestritten. Moses Der Kalousdian verschanzt sich mit den Einwohnern einiger Dörfer auf dem Musa Dagh (»Mosesberg«) im nordwestlichen Syrien, um der Vernichtung zu entgehen. Die knapp 5000 Menschen sind nur mit alten Jagdgewehren bewaffnet, während sie von der unter deutschem Befehl stehenden Artillerie beschossen werden. Der Verteidigungskampf kann 53 Tage aufrechterhalten werden, bis endlich alliierte Kriegsschiffe zu Hilfe kommen. 4048 Armenier können noch gerettet werden.

Franz Werfels Roman erscheint im Jahr 1933, woraufhin der Autor umgehend aus der Preußischen Akademie der Künste ausgeschlossen wird. Verboten wird das Buch sowieso. Franz Werfel flüchtet mit seiner Frau nach Frankreich, von dort mit Heinrich und Golo Mann zu Fuß über die Pyrenäen, von Spanien nach Portugal und von dort in die USA. Als kranker Mann erlebt er in Kalifornien noch das Ende des Hitler-Regimes und stirbt am 26. August 1945 in Beverly Hills.

Die türkische Regierung sieht die Geschehnisse aus den Jahren nach 1915 etwas anders. Zugegeben, es sei zu Ausschreitungen gekommen. Tote gab es auch. Doch handelte es sich hierbei um Terroristen und böse Attentäter. Eine Art Bürgerkrieg sei das alles gewesen. Als der amerikanische Präsident Obama noch nicht Präsident war, aber gerne Präsident werden wollte, schrieb er an die Armenier: »Ich bin mit Ihnen einer Meinung, dass die USA die Geschehnisse im Osmanischen Reich zwischen 1915–23 als Völkermord anerkennen sollten. Wir sollten diese traurige Realität anerkennen. Es ist unverzeihlich, dass die Bush-Regierung diese Anerkennung ablehnt.«

Als Obama dann Präsident war, nahm er in diesem Zusammenhang das böse Wort »Völkermord« nie mehr in den Mund. Schließlich reagiert die türkische Regierung sehr gereizt auf dieses Thema, zieht dann schnell Botschafter ab, schimpft, tobt und droht. Der türkische Ministerpräsident Erdogan erklärt noch im März 2010, knapp 100 Jahre nach dem sinnlosen Morden, als er über die in der Türkei lebenden Armenier spricht:

»Falls nötig, muss ich diese 100 000 vielleicht auffordern, in ihr Land zurückzukehren, weil sie nicht meine Bürger sind.«

Im Jahr 2010 zeigt die ARD im deutschen Fernsehen den Film *Aghet*. »Aghet« ist Armenisch und bedeutet Katastrophe. Der Film ist dokumentarisch und auch wieder nicht. Deutsche Schauspieler habe die Aussagen längst verstorbener Zeitzeugen über den Völkermord auswendig gelernt und »spielen« nun diese Menschen, darunter Krankenschwestern, Kanzler, Missionare, Konsule, Offiziere. Es sind die Großen der deutschen Schauspielkunst, die sich hier für die Menschenrechte längst ermordeter Fremder einsetzen: Martina Gedeck, Gottfried John, Ulrich Noethen, Axel Milberg, Joachim Król, Peter Lohmeyer und sehr viele andere. Chapeau! Auch das kann das viel gescholtene öffentlich-rechtliche Fernsehen: Stellung beziehen.

Und falls der türkische Ministerpräsident wieder einmal auf Staatsbesuch ist und womöglich sogar eine Schule besucht, könnte man ihn im Klassenzimmer an die Tafel bitten mit der Aufforderung, schreibe hundertmal:

»es war Völkermord«
»es war Völkermord«
»es war Völkermord«
»es war Völkermord«
»es war Völkermord«
»es war Völkermord«
»es war Völkermord«
»es war Völkermord«
»es war Völkermord«
»es war Völkermord«
»es war Völkermord«
»es war Völkermord«
»es war Völkermord«
»es war Völkermord«
»es war Völkermord«
»es war Völkermord«
»es war Völkermord«
»es war Völkermord«
»es war Völkermord«
»es war Völkermord«
»es war Völkermord«
»es war Völkermord«
»es war Völkermord«
»es war Völkermord«
»es war Völkermord«
»es war Völkermord«
»es war Völkermord«
»es war Völkermord«
»es war Völkermord«
»es war Völkermord«
»es war Völkermord«

Franz Josef Strauß

Wo: Damaskus
Wann: Februar 1984
Warum: Das weiß kein Mensch

Im Jahr 1984 ist die Welt noch in Ordnung. Der Kalte Krieg macht alles einfacher, Gut und Böse sind noch leicht voneinander zu unterscheiden. Im Westen wacht über die braven Kapitalisten der gelernte Schauspieler Ronald Reagan, der nach einer Umschulung im Weißen Haus landete. Offenbar hatte der Staatssekretär gerade Pinkelpause, als Reagan höchstpersönlich einmal ein Mikrofon testen musste und es auch tat. Er dachte wohl nicht, dass alle Welt schon zuhörte, als er die Sowjetunion für vogelfrei erklärte und sagte: »Wir fangen in fünf Minuten mit der Bombardierung an.«

Im Osten der Weltkugel liegt das Reich des Bösen, regiert von Männern in biblischem Alter. Zu den wichtigsten sowjetischen Amtshandlungen gehört das Tragen von viel zu großen Mützen und das Abnehmen der Paraden, die an den kommunistischen Feiertagen endlos durch Moskau ziehen. Die Zeitungen bringen Nachrufe auf Bomber-Harris und unseren Lieblingstarzan Johnny Weissmuller. Die Frauen haben den großen Tragekomfort von Strampelanzügen entdeckt und tragen jetzt gerne Overalls mit breiten Gürteln. Der Chaos Computer Club bucht von der Deutschen Post 135 000 DM ab, ruft aber gleich darauf an und sagt: »War nur Spaß!« Die Männerwelt flippt aus, weil es jetzt eine Fernbedienung für die Zentralverriegelung gibt. Und Privatfernsehen. In Luxemburg geht RTL ans Netz, aus einem Kellerloch sendet SAT.1, das aber noch PKS heißt. Beckenbauer ist Teamchef unserer Fußballer, und der Afghanistankrieg wird noch nicht von uns, sondern von der UdSSR geführt. Es ist das George-Orwell-Jahr. Trotz Giftgastoten in Bhopal ein typisches Jahr der 80er. In Bayern sowieso. Franz Josef Strauß ist bayerischer Ministerpräsident, sonnt sich in 60-prozentiger Zustimmung und schwitzt und trinkt sich durch die bayerischen Bierzelte. Der kleine dicke Mann tut gerne so, als könne er Latein, und erreicht sein hohes Maß an Popularität mehr durch Skandale als durch seriöse Auftritte. Sein Body-Mass-Index ist katastrophal, er ist 69 Jahre alt und sollte besser auf seine Gesundheit achten. Er liebt den vollen Maßkrug und die Gebirgsschützen, und er verachtet die Linken fast genauso wie seine devot buckelnde Ministerriege. Das Münchner Oktoberfestattentat schiebt er kurzerhand der RAF in die Schuhe, obwohl der rechtsradikale Hintergrund längst feststand. Geboren als Sohn eines Metzgers, wird er nach wenigen Jahren politischer Tätigkeit mehrere hundert Millionen hinterlassen, womöglich viel mehr. Das eigene Wohl stand ihm sehr nahe. Vielleicht suchte er deswegen ständig die Nähe zu den Diktatoren dieser Welt. Gab es ein Land, in dem die Opposition gewaltsam unterdrückt wurde, musste man damit rechnen, dass Strauß mit dem Diktator freundschaftlich verbunden war. Also fährt er auch nach Damaskus. Als er im Februar 1984 dort ankommt, ist Assad seit 14 Jahren der Staatschef des Landes. Syrien, das von der Sowjetunion mit vielen Milliarden hochgerüstet wurde, ist das arabische Bollwerk gegen Israel. Das Land nennt sich Republik, achtet zu diesem Zeitpunkt aber keine Menschenrechte, kennt keine Demokratie, versteckt weltweit gesuchte Naziverbrecher, Korruption und Folter gehören zum täglichen Bedarf, die Verstrickung in weltweite Terroranschläge ist nicht bewiesen, aber möglich. Wenn ein hochrangiger deutscher Politiker, und das ist ja ein bayerischer Ministerpräsident, ein Land dieses Kalibers besucht, dann verlangt das höchstes diplomatisches Geschick und Fingerspitzengefühl. Am 16. Februar 1984 trifft sich Franz Josef Strauß mit Assad in Damaskus. Ohne vorherige Absprache, ohne Anruf, nichts. Bundeskanzler Kohl erfährt es aus der Zeitung, tobt. Die CDU in Bonn tobt auch, die Bundesregierung ebenso. Die Antwort des Bayern fällt so aus: »Ich lehne es ab, einen Reiseantrag zu stellen. Der Papst war auch nicht informiert.« Die Lacher waren auf seiner Seite.

Viele Jahre später stehe ich, Strauß war längst tot, an einem Kiosk in Damaskus, um eine Zeitung zu kaufen. Niemand hat es eilig, ein Plausch geht immer, Kundschaft kommt, Kundschaft geht. Bis sich ein älterer Herr einmischt, seine abgetragene Aktentasche unterm Arm, und sehr neugierig wird, als wir darauf zu sprechen kommen, dass ich aus Bayern angereist bin. »Kommen Sie mit, kommen Sie mit.« Er spricht gut Deutsch und führt mich nebenan in ein Hochhaus am Merje-Platz, in dem er im 12. Stock sein Büro hat. Es besteht aus zwei kleinen hintereinanderliegenden Zimmern. Der erste Raum mit den durchgesessenen Sofaecken dient als Warteraum, im hinteren, zum Platz hinaus, steht ein Schreibtisch, überladen mit Papieren, Zetteln, Bürokram. Wir trinken Tee, dabei zieht er ein großes Buch aus einem Regal. Auf dem Buchdeckel prangt das lachende Gesicht des bayerischen Ministerpräsidenten mit Trachtenhut. »Ein starker Mann! Viel Kraft!« Halabi war mehrmals als Übersetzer dabei, wenn Strauß in Syrien den Präsidenten traf. Stolz präsentiert er mir die persönliche Widmung auf der zweiten Seite. Leider hindert ihn seine eingebildete diplomatische Schweigepflicht, die wirklich guten Anekdoten preiszugeben. Und die gab es, lächelt er. Nur so viel, Strauß habe nie im Hotel gewohnt, sondern bei seinem Freund Mustafa Tlass. Mustafa Tlass ist natürlich nicht irgendein Biergartenspezi, sondern der syrische Verteidigungsminister. Er gehört zu der Sorte von Freunden, von der die Mama sagen würde: der kommt mir nicht ins Haus. Außer Militär hat Tlass nichts anderes gelernt. Er verleiht Orden an einen syrischen Soldaten, der eigenhändig mit der Axt 28 Israelis getötet und dabei einem der Opfer ein Stück Fleisch herausgeschnitten und verspeist hat. Das gefällt Tlass.

Er ist jetzt über 50, und wie viele Sadisten schmückt auch er sich mit der Liebe für die Literatur. Schon in der Jugend verfasste er Gedichte. Trotz dauernder Kriege mit Israel füllt ihn das Kriegshandwerk anscheinend nicht aus, und er gründet einen Verlag und schreibt weiter. Darunter eine Wiederauflage des weltweit geächteten antisemitischen Pamphlets *Die Protokolle der Weisen von Zion*. Die nationalsozialistische Wehrmacht steht in Syrien im höchsten Ansehen, alte Nazis stehen in syrischem Sold, da liegt es auf der Hand, entsprechende Literatur wieder aufzulegen. Der syrische Verteidigungsminister Mustafa Tlass verlegt ein Buch im Taschenbuchformat, knapp 500 Seiten dick: *Kifachi*. Das ist die wörtliche Übersetzung von *Mein Kampf* ins Arabische. Bis in die neunziger Jahre liegt es in den Schaufenstern der syrischen Buchläden. Die syrische Ausgabe ist etwas gekürzt und mit Anmerkungen versehen, und zwar von Tlass. Prekär, was der Strauß-Freund da anstellt. Denn nach dem Zweiten Weltkrieg übertrugen die Amerikaner dem Freistaat Bayern die Urheberrechte für das Machwerk, das im Dritten Reich zehnmillionenfach unter das deutsche Volk gestreut worden war. Die Rechteübertragung sollte den Nachdruck der Hitler-Schrift für immer und ewig verhindern. Natürlich gelingt das nicht. Die Fangemeinde ist zu groß. *Mein Kampf* gibt es in allen Sprachen dieser Welt, sogar auf Hebräisch. Doch es ist wohl ein Treppenwitz der Weltgeschichte: Franz Josef Strauß, in diesem Augenblick oberster Hüter über den Giftschrank der Nazis, wird bewirtet von einem Wehrmachtfan, der Geld mit dem Verkauf ebendieser illegalen Hetzschrift macht. Wenn man bedenkt, wie hemmungslos menschenverachtend Franz Josef Strauß im Bierzelt über harmlose Studenten herzog, die ein paar Krümel Haschisch in der Hosentasche hatten, fragt man sich, wie er ausgelassene Partys am Pool eines Mörders, Waffenhändlers und Kriminellen feiern konnte. Mustafa Tlass und sein ganzer Clan sind bis heute gefürchtet in Syrien. Er zählt zu den »Schlächtern von Hama«. Nur 24 Monate vor dem Strauß-Besuch fühlte sich die Regierungsclique bedroht. Die Muslimbrüder versuchten einen Putsch, und die Rache war fürchterlich. Die altehrwürdige Stadt Hama, die als Zentrum der Putschisten galt, wurde tagelang bombardiert, die Altstadt dem Erdboden gleichgemacht. Tausende von Soldaten, Panzern, Bomben haben nicht nur die Aufständischen als Ziel, es kommt zu einem riesigen Massaker. Die Welt erfährt davon so gut wie nichts. Womöglich bis zu 30 000 Syrern, darunter Frauen, Kinder und unzählige Unschuldige, sterben durch Massenerschießungen, Folter und in Sippenhaft. Seither spricht niemand mehr in Syrien über Politik. Die Angst regiert noch Jahrzehnte danach.

Im September 1986 gibt Tlass dem *Spiegel* ein Interview: »Ich liebe Strauß, mein Herz schlägt für Bayern. Von Zeit zu Zeit kommt Strauß zu uns, oder wir besuchen ihn, um über die internationale Lage und arabische Politik zu sprechen. Stets sind wir einer Meinung.«

Nun, man sollte dem schnurrbärtigen Tlass nicht alles glauben. Als die Syrer ihre Hand im Spiel hatten, als in Beirut die westlichen Militärs schlimmsten Terrorangriffen ausgesetzt waren, wurden hauptsächlich die Amerikaner und die Franzosen bombardiert. Italienische Soldaten schonte Tlass, weil er angeblich in Gina Lollobrigida verliebt war. Und sie in ihn, er schwöre es. Zudem hätte er auch einen Liebesbrief von Lady Diana an ihn.

Die wahre Geschichte über Strauß und sein politisches Handeln kann nie mehr geschrieben werden. Die Stasi hat zwar alles detailgenau aufgezeichnet, doch die Akten über Strauß wurden nach der Auflösung der DDR kurzerhand vernichtet. Nach den Aufzeichnungen der CSU war er viermal in Syrien. Einmal wollte er dabei Arafat treffen. Aber der ihn nicht. Also fuhr er zurück in die Villa von Tlass. Der Übersetzer Halabi trägt mir auf, schöne Grüße an die Kinder von Strauß auszurichten, wenn ich sie treffe. Sagen Sie: »Er war ein kräftiger Mann.«

Ich kenne die Kinder von Franz Josef Strauß.

Also: Grüße aus Syrien!

Karl Marx

Wo: Algier
Wann: 20. Februar 1882 bis 2. Mai 1882
Warum: Bronchialbeschwerden

Ist das nicht skandalös? Karl Marx reist nach Algerien, um sich im milden Klima des südlichen Mittelmeeres auszukurieren. Das riecht nicht nur nach Kuraufenthalt, das ist Luxus pur, Verschwendung, Kapitalismus in Reinkultur. Der Vater des Kommunismus sollte sich schämen. Und es geht noch weiter. Die Weltherrschaft des Proletariats steht noch in weiter Ferne, da kauft Marx vor seiner Rückreise im afrikanischen Algier noch massenhaft Souvenirs ein, bourgeois und dekadent, wie ein moderner Pauschaltourist. Während sich in Europa der Arbeiter, ausgemergelt und ausgezehrt, mit seiner kranken Frau, deren zwei Schwestern und den 28 Kindern, die sich alle ein einziges Paar durchlöcherter Schuhe teilen müssen, bei schummrigem Kerzenlicht in der feuchten Winzigkeit einer pestilenten Bretterbude am hintersten Ende einer nebligen Proletariergasse durch *Das Kapital* kämpft, das ihm den mühseligen Weg aus der Armut verheißt ... Kaum eine andere Person der Weltgeschichte taugt so gut wie Karl Marx für Stammtischgeschwätz und Klischeeverbreitung. Wie viele mögen ihn für einen Zeitgenossen von Lenin und Stalin halten oder ihn mit Trotzki vertieft in einen kommunistischen Disput sehen? Dazu so viel: Als Karl Marx 1883 in London starb, war Trotzki vier, Stalin fünf und Lenin zwölf Jahre alt. Sie haben sich nie getroffen. In der stammtischfreien Wirklichkeit war Karl Marx ein Zeitgenosse Giuseppe Verdis, er war mit Heinrich Heine persönlich bekannt, und als Karl Marx drei Jahre alt war, starb Napoleon. Dass er Jude war, auch falsch. Marx' Vater war Jude, nahm aber den evangelischen Glauben an. Karl Marx war auf einem Jesuitengymnasium. Wohl aber wahr ist, dass er diesen Rauschebart hatte, diese gewaltige Löwenmähne um den runden Schädel. Aber auch das sollte sich in Algerien ändern.

In der real existierenden DDR musste der Name des grauhaarigen Opas für alles herhalten, was der Mensch in einer Stadt braucht: Straßen, Brücken, Schulen, Türme, Züge, Universitäten, Kindergärten, sogar für eine ganze Stadt, bevor daraus wieder Chemnitz wurde. Man stelle sich vor, aus einfältiger Begeisterung heraus gäbe es in Zukunft Umbenennungen von sittsamen Ortschaften in Kohlbach, Merkelitz und Niederschäubling, wobei die Vorschulkinder in das Stoiberheim zu schicken wären.

Marx selbst hat von derlei Auswüchsen zum Glück nichts mehr mitbekommen. Selbst die ersten kleinen sozialistischen Erfolge waren ihm nicht mehr vergönnt. Als seine Frau Jenny, mit der er fast 40 Jahre lang verheiratet war, im Dezember 1881 nervenkrank starb, war er bereits am Ende. Geld war nie genug im Haus, die Gesundheit ruiniert. Dann kam auch noch sein Freund und Bruder im Geiste Friedrich Engels, um ihn mit Algerien zu nerven. Aber Marx wollte nicht nach Afrika, sondern nach Paris zu seiner Tochter.

Aber Engels lässt nicht locker. Die chronische Bronchitis müsse auskuriert werden, und zwar jetzt gleich, und Karl sei mit 63 auch nicht mehr der Jüngste, die Ärzte sagten das auch alle. Und außerdem: Der Winter hier in London sei beschissen, schau zum Fenster raus.

Ja, aber wohin? In Italien drohe die Verhaftung, Spitzel seien überall, schon vor der Haustür stelle man ihm nach.

Nach Algier. Und zwar allein. Er solle in die Zeitungen schauen, da stünde es schwarz auf weiß, Algier sei der beste Luftkurort überhaupt, das Seeklima großartig. Algerien sei inzwischen die »Winterresidence of Great Britain«. Also gut.

Über Paris fährt der gebeutelte Intellektuelle an die französische Südküste, um mit der »Said« überzusetzen. Zwei Nächte hat er nicht geschlafen, das wird sich auch nicht ändern. Winterstürme fegen über Deck, die Eiseskälte kriecht durch jede Ritze. Auf der Fahrt in die Genesung erkältet sich Karl Marx erneut und kommt kränker in Algier an, als er vorher schon war. Um halb vier Uhr morgens hält das Schiff vor der Stadt. Das alte Hafenbecken ist nicht tief genug. Also umsteigen in wackelige Schaluppen, und im Wettrennen der arabischen Ruderer geht es an Land. Aus dem Plan, geruhsam an der Corniche unter den Palmen zu wandeln, dabei die wärmende afrikanische Winterluft in die angegriffene Brust zu atmen, wird nichts. In dem vermeintlichen Luftkurort herrschen die kältesten Temperaturen des ganzen Winters, auf den entfernten Bergen liegt dick der Schnee, der Husten wird schlimmer.

Um Geld zu sparen, zieht Karl Marx vom Hotel in eine kleine Pension, mit sechs Gästen ist das Haus ausgebucht. Es liegt an einem steilen Hang etwas außerhalb der Altstadt. Der herrliche Blick von dort oben auf die Bucht von Algier taugt für den Reiseprospekt, allerdings wäre dort wie so oft nicht erwähnt, dass keine befestigte Straße hinaufführt. An seinen Freund Engels schreibt er: »Schlaflos, appetitlos, starker Husten, etwas ratlos, nicht ohne hier und da Anwandlungen einer profunda melancolia.«

Wie soll man da gesund werden! Einziger Ansprechpartner ist Dr. Stephann. Mit seinen kaputten Bronchien muss Marx die steilen Schlammwege in die Stadt hinuntersteigen, um sich dann die üblichen guten Ratschläge abzuholen: Spaziergänge,

Ruhe, dann wieder Spaziergänge und hinterher noch einmal Ruhe. Damit neben diesen Billigratschlägen auch was am Patienten verdient wird, gibt es ein Rezept: Zugpflaster, Arsenpulver, Collodion Cantharidal (mit Pinsel aufgetragen), etwas Kodein, und dann eben wieder Ruhe und Spazierengehen. Um es kurz zu machen, Marx wird in Algerien nicht gesund.

Damit ihm nicht die Decke auf den Kopf fällt, erkundet er die Stadt und macht Ausflüge, soweit es der Geldbeutel erlaubt. Engels schickt ihm ab und zu Geld. Marx sieht sich um in der Stadt, über die beide schon gearbeitet haben. Engels schrieb schon 1857 für ein Lexikon den »Algerien«-Artikel. Natürlich ging es um die Grausamkeiten der Kolonisation. Die Zeitungen der großen Nationen hatten überall auf der Welt ihre Korrespondenten verteilt. Dampfschiffe und Telegraphenleitungen verbreiteten die Ereignisse so schnell wie noch nie zuvor, man wusste aktuell Bescheid, wie es zuging auf der Welt. Und das hieß: Krieg, Gemetzel, Einmarsch und Aufstand, Unterdrückung und Ausbeutung so weit das Auge reicht.

In Algerien waren sie alle, die Römer, die Vandalen, die Spanier, 1815 sogar die Amerikaner, und am 13. Juni 1830 marschieren über 40 000 Franzosen ein und bleiben für die nächsten 132 Jahre. Marx war bekannt, dass es jedem Franzosen per Gesetz erlaubt sei, algerisches Land bis zu 100 Hektar zu kaufen. Der Preis dafür betrage um die 30 Francs, der echte Wert belaufe sich auf 300 Francs. Für sage und schreibe 40 000 Francs dürfe man es wieder an einen Algerier verkaufen. Wasser auf die Mühlen des kranken Kommunisten-Opas.

Das Wetter bessert sich. Die wenig aufregende Abwechslung von Ruhe und Spaziergang zermürbt. Karl Marx geht zum Photographen. Es wird das letzte Foto von ihm werden. Es zeigt ihn so, wie man ihn kennt: Rauschebart, geschlossene Lippen, hohe Stirn, nur die Haare sind inzwischen schlohweiß. Im Lauf der Wochen bessert sich das Klima, die Temperaturen klettern in die Höhe. In der Einsamkeit kommt Karl Marx plötzlich auf einen spektakulären Gedanken. Langsam wird ihm nämlich sein Rauschebart in der algerischen Frühlingssonne zu warm. Spontan oder reiflich überlegt, wir wissen es nicht, geht Karl Marx zum Friseur. Er lässt sich sein Haar kurz schneiden und den Bart völlig abrasieren. Als er den Friseursalon verlässt, existiert das Symbolgesicht des Kommunismus nicht mehr. Er lässt sich noch einmal fotografieren. Auf dieser Aufnahme muss ein älterer Herr zu sehen sein, schön glatt rasiert, gepflegt, der fast kahle Schädel über einem sauberen Anzug. Dieses Foto ist bis heute verschollen, liegt vielleicht irgendwo zwischen alten KGB-Dokumenten, und kein Mensch würde je darauf kommen, dass dieser unbekannte Mann ohne Bart der weltberühmte Karl Marx sein könnte.

Der Philosoph und Journalist Marx, in Trier in gutbürgerlichem Umfeld aufgewachsen, hat den Sozialismus nie als Utopie gesehen, sondern als Wissenschaft, was die historischen Entwicklungen bestätigen. Sonst hätten die Politikwissenschaftler in ihren Doktorarbeiten nicht zu unterscheiden zwischen den tausend Arten von Kommunismus, angefangen vom Marxismus über den Maoismus, Trotzkismus, den Realsozialismus, Reform- und Eurokommunismus, bis hin zu Stalinismus und Neomarxismus. Am Ende seiner Reise sind ihm seine Theorien einerlei, Marx kauft Souvenirs ein. Süßigkeiten für die Enkel, Schnickschnack und üblicher Touristenkram, Pfeifenköpfe und Zigarren, und für seinen Freund Friedrich Engels – einen arabischen Dolch. Bei der Abreise hat es 30 Grad. Man steigt abends auf das Schiff, und Marx fährt den gleichen Weg zurück in sein Londoner Exil. Die Gesundheit verschlechtert sich rapide, einige Monate später stirbt er. Nur elf Trauergäste stehen am offenen Grab. Auch wenn man es heute nicht mehr hören will, oft schon haben sich die Analysen der beiden Kommunisten als richtig herausgestellt. Engels schrieb einmal: »Indien macht vielleicht Revolution, sogar sehr wahrscheinlich, und da das sich befreiende Proletariat keine Kolonialkriege führen kann, würde man es gewähren lassen müssen, wobei es natürlich nicht ohne allerhand Zerstörung abgehen würde. (…) Dasselbe könnte sich auch noch anderwärts abspielen, z. B. in Algier und Ägypten.«

Im Frühjahr 2011 war es dann so weit.

Nichts steht geschrieben …

Was soll denn das? Plötzlich machen sie Revolution und sagen uns nicht einmal Bescheid. Alles begann mit einem einzigen Menschen. Ein verzweifelter, von der Polizei und der tunesischen Bürokratie gegängelter junger Obstverkäufer zündet sich in Sichtweite der Touristenhochburgen Nordtunesiens an. In kürzester Zeit implodiert eine ganze Diktatur, und die tunesische Präsidentengattin verfrachtet hektisch das Staatsgold ins Fluchtflugzeug. Wenige Wochen danach stürzt das Regime in Ägypten, fallen Bomben auf die Hauptstadt Libyens, und vom Atlantik bis zum Persischen Golf kämpfen die arabischen Tyrannen verzweifelt um den Erhalt ihrer Macht.

Niemand hat es geahnt, keiner hat es gewusst, sogar Scholl-Latour war nicht informiert. Ein Skandal. Der BND ist sprachlos, die Auslandskorrespondenten wieder mal ahnungslos. Sämtliche Arabienexperten, die wir haben, werden vor die Mikrofone gezerrt und stehen da wie die Deppen.

Was da passiert sei, sei schwieriger vorherzusehen gewesen als ein Tsunami, wird immer wieder beteuert, jawohl. Sind die Araber nicht eh bekannt dafür, dass sie machen, was sie wollen?

Als der Strom der Proteste in Arabien nicht mehr abreißt, macht man sich in Deutschland große Sorgen.

Wird die Tourismusindustrie wegen der leerstehenden Resorts Pleite gehen? Kommen die ganzen Flüchtlinge nun zu uns? Was ist mit dem Fonds für die nordafrikanischen Solar-energieanlagen?

Greift die Reiserücktrittsversicherung?

Die Amerikaner finden, stellen und töten Osama bin Laden und schmeißen seine Leiche ins Meer. Und in Deutschland überlegt man sich, ob man dem gestürzten ägyptischen Präsidenten Mubarak ein Exil in Heidelberg anbieten soll. Die ägyptischen Revolutionäre finden aber, dass er erst einmal vor ein ägyptisches Gericht gehört.

Und Gaddafi? War der nicht sogar ein bisschen süß, als er in jeder Hauptstadt der Welt sein Zelt aufstellen wollte? Als er beim Staatsbesuch in Italien die 300 langbeinigsten Mädchen in seine Beduinenbehausung bestellte, um ihnen den *Koran* zu schenken, hatte auch Berlusconi seine Freude daran, weniger am *Koran* als an den Models natürlich.

Es funktionierte eigentlich ganz gut mit den arabischen Machthabern. Mubarak hielt uns den Suezkanal frei, der marokkanische König vertrieb al-Qaida aus den Surfparadiesen, Assad ließ die CIA in den syrischen Gefängnissen foltern, und Gaddafi bekam Geld dafür, dass er die afrikanischen Bootsflüchtlinge nicht nach Europa ließ. Und allen miteinander wurde die Hoffnung gemacht, noch ein paar Milliarden mehr auf ihre Konten zu bekommen, wenn sie uns ihre Wüsten für unsere Solaranlagen zur Verfügung stellten. Und dann kommen diese arabischen Chaoten daher, ziehen brüllend durch die staubigen Straßen, werfen ihre Schuhe auf die Bronzestatuen und campieren so lange wild in den Stadtzentren, bis die Staatschefs das Weite suchen.

Doch jetzt? Wohin geht Arabien?

Und das Wichtigste: Was hätten wir denn gerne? Offiziell müssen wir die Demokratie verlangen. Das ist natürlich Quatsch und wünscht sich in Wahrheit keiner. Schließlich ist die Gefahr zu groß, dass sich dort ein ähnliches Personal herausbildet wie bei uns: ein Hadschi Abu Westerwelle aus Hadramaut, den keiner mag und der immer mit viel zu großer Klappe unterwegs ist. In Ägypten herrscht dann eine Fatima Merkel, die immer wieder das ausgetrocknete Wadi von el-Opel flutet. Und der alte jordanische Scheich Ibn Heina Geißler kümmert sich darum, dass das Tote Meer nicht noch tiefer gelegt wird.

Monarchien wiederum wären da genehmer. König und Königin empfangen mit Pomp und Prunk. Sie trägt das neueste Chanel-Kostüm, er die Beduinentracht. Dann lässt man Wasserpfeifen, Schlangenbeschwörer und Bauchtänzerinnen kommen, darauf steht ganz Europa. Außerdem kann ein König regieren wie ein Diktator, aber es wirkt netter.

Ach, wir würden so gerne bei der Besetzung der wichtigsten Ämter mitreden. Aber die Araber sind stur. Obwohl sie zum Teil selbst noch gar nicht so genau wissen, was sie wollen. Damit gefährden sie nicht nur unser Solarprojekt in der Wüste. Ob sie uns weiterhin so brav mit Öl versorgen wie bisher, steht sowieso in den Sternen.

Nur eins steht fest: Der Tourismus bleibt.

Womöglich in veränderter Form, aber nicht weniger abenteuerreich. Nehmen wir einmal an, der Touristenstrom in die Clubs und Resorts verebbt. Die Strandbungalows bleiben leer, die Pools, an denen sich einst frustrierte alleinerziehende Sekretärinnen mit ihren ungezogenen Schreihälsen tummelten, versanden. Und plötzlich wittern Hauser, Studiosus und andere Expeditionsanbieter wieder ein Geschäft: die Abenteuerreise in verlassene Urlaubsresorts. Die Goldgräberstädte des Wilden Westens hat man gesehen, ganz oben steht jetzt die »Djerba-Expedition«. Dicke Kataloge werben für die »Geisterhotels von Agadir«. Europäische Touristen, die schon alles erlebt haben, werden sich massenhaft auf die Angebote stürzen. Wer in Alaska auf Tuchfühlung mit Eisbären war, im Dschungel Südostasiens durch die Vietconglabyrinthe kroch und in Irland mit dem Hausboot durch die Lande tuckerte, der streift jetzt mit Taschenlampe bewaffnet durch die dunklen Hotelgänge des einstigen Robinson-Clubs auf der Insel Djerba. Der Tennisplatz ist übersät mit stacheligem Kakteengewächs, ein zerknülltes Taschentuch ragt noch aus dem Sand. Die Discokugel auf der Tanzterrasse schwingt quietschend hin und her. Vor der ramponierten Rezeptionstheke liegt eine angebrochene Präsentationstafel, auf der ein zerrissener Zettel über das einstige Tagesprogramm informiert. Die Handschriftenexperten unter den Expeditionsteilnehmern glauben, das Wort »Tauchen« und »9 Uhr« entziffern zu können. Aufregend! Auf jeden Fall ist man hier auf der Spur einer untergegangenen Kultur. In einem großen Saal liegen Stühle herum, das Licht fällt diffus durch die verbarrikadierten Fenster. Jeder ahnt, es war der Speisesaal. Der Reiseleiter erklärt, dass hier einst tausende von Menschen wilde Fressorgien abhielten. »Mehrmals täglich«, fügt er feierlich flüsternd hinzu.

Am Ende der Exkursion besichtigt man noch das Landesmuseum, in das man die wertvollsten Objekte gerettet hat: einen Zimmerschlüssel mit Nummer 228, Flip-Flops mit der Aufschrift »Made in Sweden« und eine zerdrückte Plastikflasche »After-Sun-Lotion«. Großartige Erinnerungen werden die Touristen mit nach Hause bringen: So war das damals in Arabien.

Es wird noch zwanzig Jahre dauern, bis in den Geschichtsbüchern stehen wird, was im Moment in Arabien passiert. Und wie es ausgegangen ist. Doch eines steht jetzt schon fest: Trotz Handy, Facebook, Twitter und Youtube wissen wir viel zu wenig voneinander.

Viel zu wenig.

Der Autor

geboren 1964. Studium semitischer Sprachen, der Philologie des christlichen Orients und der Bayerischen Literaturgeschichte in München. Seit seiner Schulzeit als Autor und Kabarettist unterwegs, man kennt ihn unter dem Namen seiner Bühnenfigur »Fonsi«.

Er war Organisator wissenschaftlicher Exkursionen nach Syrien, Libyen und Libanon, Übersetzer von arabischen Theaterstücken, Dozent bei einer internationalen Historikerkonferenz in Beirut, und als Musiker gab er ein Zitherkonzert im Musikinstitut von Aleppo. Er weiß, wo es das beste Couscous oder die schönsten antiken Fälschungen gibt, wo der Dolmetscher von Franz Josef Strauß oder der letzte arabische Freund Adolf Eichmanns sitzt.

Verständnis und Neugier für die jeweils andere Kultur zu wecken, ist ihm ein ständiges Anliegen in seiner künstlerischen Arbeit.